WIE KONZENTRIERE ICH MICH?

Wie konzentriere ich mich?

Konzentration leicht gemacht

Eine praktische Anleitung zur
AUSBILDUNG DER DENKKRAFT
und zur
AUSÜBUNG DES KRAFTDENKENS

Von K. O. Schmidt

DREI EICHEN VERLAG

D–8300 Ergolding

Die Deutsche Bibliothek – CIP-Einheitsaufnahme

Schmidt, Karl O.:
Wie konzentriere ich mich? :
Konzentration leicht gemacht ;
eine praktische Anleitung zur Ausbildung
der Denkkraft und zur Ausübung des
Kraftdenkens / von K. O. Schmidt. –
11. Aufl. Ergolding :
Drei-Eichen-Verl., 1991
ISBN 3-7699-0410-9

ISBN 3-7699-0410-9
Verlagsnummer: 410

11. DEV-Auflage 1991

Druck und Verarbeitung: Ebner Ulm

WIE KONZENTRIERE ICH MICH?

das ist die häufige Frage der Vielen, die nicht mehr mit sich selber zurechtkommen, sich nicht mehr entspannen können, ihre Gedanken nicht mehr meistern, die Fähigkeit der inneren Sammlung verloren haben, über Zerstreutheit, Müdigkeit, Gedankenflucht und Konzentrationsunvermögen klagen und sich dem Leben nicht mehr gewachsen fühlen.

Diese Frage wird hier in Form eines Intensiv-Lehrgangs beantwortet – aus der Praxis für die Praxis.

Der in einer neuen erweiterten Ausgabe vorliegende Leitfaden dynamischer Konzentration zeigt, wie man durch rechte *Ausbildung der Denkkraft* und bewußte *Ausübung des Kraftdenkens* alle seelisch-geistigen Energien schult, beherrscht und steigert und wie man mit ihrer Hilfe zu innerem und äußerem Wachstum und Fortschritt und zu immer beglückenderer Sinnerfüllung des Daseins gelangt.

Dem nur *Lesenden* zwar wird auch der beste Lehrgang nicht zur Konzentration verhelfen. Erst wenn er das als richtig Erkannte in seinem täglichen Leben und Beruf praktisch befolgt und *betätigt*, wird er, ohne fremde Hilfe, zum Ordner seiner inneren Kräfte und damit Schritt um Schritt zu einem Meister seiner selbst und seines Lebens.

Dieser Leitfaden ist selbst ein Produkt der Konzentration auf das hier allein Wesentliche und Hilfreiche, weshalb er, wenn der Lesende den Lichtstrahl des Scheinwerfers seines Bewußtseins Satz um Satz weiter wandern läßt, zunehmend erhellend, klärend und helfend wirkt und den Übenden instandsetzt, die Kunst der Konzentration zum Fundament und Ausgangspunkt dynamischer Höherentwicklung zu machen, durch das Tor des Selbst-Erwachens in das Reich der Kraft und Gesundheit, der Harmonie und Selbstverwirklichung einzutreten und damit den entscheidenden ersten Schritt auf dem Wege zur Vollendung zu tun.

DENKKRAFT UND KRAFTDENKEN

„Wer etwas Treffliches leisten will,
Hätt' gern was Großes geboren,
Der sammle still und unerschlafft
Im kleinsten Punkt die größte Kraft."

Schiller, Gedichte: Breite und Tiefe

Viele Menschen werden von ihren Gedanken beherrscht, auch wenn sie wähnen, deren Richtung und Art selbst zu bestimmen. Der Gang ihres Denkens gleicht dem Zickzackkurs eines Moleküls, schlägt immer neue Richtungen ein und berührt in einer Minute hundert Dinge, statt geradeaus auf ein Ziel hinzusteuern oder bei einem Thema zu verweilen.

Wie sehr sie sich vom Hin und Her ihrer Gedanken bestimmen lassen, statt selbst zu denken, zeigt die Neigung zum *Tagträumen,* das in seiner Sprunghaftigkeit und Abhängigkeit von zufälligen Ideenverbindungen seinem praktischen Wert nach nicht einmal den *Nachtträumen* gleichkommt, in denen das Unterbewußtsein wenigstens unverarbeitete Gedanken- und Gefühlseindrücke mit dem Ziel der Erhaltung der inneren Ordnung abzureagieren sucht . . .

. . . Demgemäß sind auch die Unterhaltungen der Tagträumer dekonzentriert, streifen alle möglichen Dinge und geraten vom Hundertsten ins Tausendste, sind also reich an Abwechslung und Zerstreuung, jedoch arm an Bewußtheit und positivem Gehalt.

Kennzeichen fortgeschrittener Dekonzentration ist die Neigung zu unfruchtbarem *Grübeln,* d. h. zu einem vorwiegend negativen, statischen, ziellosen, zermürbenden und zerstörenden Denken, das unmerklich zu Disharmonie, Unruhe, Nervosität, Zerstreutheit, Zerfahrenheit, Stimmungsabhängigkeit, Furchtsamkeit, Sorgsucht und im weiteren zu Willensschwäche, seelischer Zerrissenheit, Zwangsgedanken und Gehemmtheiten führt.

Wer grübelt, neigt dazu, dem Gesetz des geringsten Widerstandes zu folgen und lieber nichts zu tun, als sich zu entschließen und etwas zu wagen. Das führt im Endergebnis zu Schlaffheit, Nachlässigkeit und Unfähigkeit, mit dem Leben fertig zu werden. Der Grübelnde lebt nicht eigentlich, sondern wird gelebt; er ist nicht Selbstdenker, sondern bloß Lautsprecher der ihn durchziehenden und bewegenden Gedanken.

Sein *„Ich"* erscheint als bloßes Bündel von Vorstellungen und Empfindungen, die kommen und gehen – als Reaktor, statt als Aktor und Herr der Gedanken. – Zum Glück ist dieses „Ich" aber nicht der ganze Mensch, sondern nur die äußere Hülle und Maske. Hinter ihr steht als Beobachter, Ordner und Lenker der eigentliche innere Mensch, das *Selbst,* das allein „Ich bin!" sagen kann.

Dies erkennt aber erst, wer gelernt hat, durch Übung der *Konzentration* das Ich, sein Denk-Organ, seinen Urteilsapparat, und die Gedanken zu beherrschen und zu lenken. *Wer damit beginnt, der entdeckt, daß bewußte Gedankensammlung und -meisterung für die Selbstverwirklichung, die Entfaltung des inneren Menschen, und für die Meisterung und Sinnerfüllung des Lebens unerläßlich ist.*

ENTFALTUNG DER DENKKRAFT

Unter den vielen Kräften, deren Träger der Mensch ist, ist die wichtigste die *Denkkraft,* die durch Gewöhnung an Konzentration zu bewußtem *Kraftdenken* gesteigert werden kann.

Was heißt das?

Der Dichter-Arzt Carl Ludwig *Schleich* (1859–1922) hat unter anderem in „Gedankenmacht und Hysterie" (Berlin 1922) – dargetan, daß „alles Körperliche eine rhythmische

Struktur und Inkarnation von *Gedanken* ist. Ohne vorausgehende Idee gibt es nichts Körperliches".

Jeder Gedanke ist eine Äußerung der *Seele*, jener „metaphysischen, wissenschaftlich nicht analysierbaren Kraft, die nur an ihren schöpferischen Wirkungen erkannt werden kann. Ehe wir überhaupt ein „Ich", ein Bewußtsein haben, waltet in uns schon dieses bildende, weise leitende, formende, gestaltende Prinzip, das überall im Körper weiß und wirkt, was not tut — und zwar durch die ebenso segensreiche wie gefährliche *Macht der Gedanken*".

Schleich demonstriert diese Macht am Beispiel der Hysterie, die „unwiderleglich beweist, daß rings im Weltall alles aus Idee geschaffen, aus Geist geboren ist": bei Hysterischen ruft der bloße Furchtgedanke die der befürchteten Krankheit anatomisch genau entsprechenden Erscheinungen hervor, die sogar den Fachmann täuschen können. Die hier, und auch sonst oft, scheinbar aus dem Nichts heraus spontan entstehenden Hypertrophien (Gewebeneubildungen), Entzündungen, Schwellungen, Geschwüre, Stigmata usw. sind *realisierte, Fleisch gewordene Gedanken.*

Wie hier die *undisziplinierte* „krankhaft eingestellte Phantasie durch Übersteigerung einer Idee zu Formveränderungen im Leibe führt, die Neuschaffung von Substanz bedeuten", so führt die gleiche Phantasie, wenn *geschult,* durch gefühlsbetontes positives Denken zu entsprechend günstigen und heilsamen Gedankenverwirklichungen in Leib und Leben.

Um das zu begreifen, muß man sich die hier wirkenden elementaren *psychodynamischen Gesetzmäßigkeiten* vergegenwärtigen, in erster Linie diese:

1. *Denken ist nicht nur ein Akt des Begreifens, Zergliederns, logischen Schlußfolgerns und Urteilens (sogenanntes „diskursives Denken"), sondern Denken heißt zugleich Bewegen und Hervorbringen nicht nur neuer Erkenntnisse, sondern auch neuer Bedingungen und Dinge.*
2. *Jeder Gedanke ist eine lebendige Kraft, die sich aus-*

wirken will. Er ist Keim und Beginn einer Handlung oder einer Wandlung in den Dingen oder Geschehnissen.

3. *Jeder Gedanke strebt im Rahmen des Möglichen nach seiner Verwirklichung, wobei seine Dynamik und Durchsetzungskraft mit der Bewußtheit und Gefühlsbetontheit, Intensität und Wiederholung zunimmt.*
4. *Als denkendes Wesen ist und wird der Mensch das, was er vorwiegend denkt. Er hat es damit in der Hand, schwach zu sein oder stark, krank oder gesund, arm oder reich, unglücklich oder glücklich.*
5. *Jeder Gedanke, auf den er sich konzentriert, wird auf der ersten Stufe als Vorstellung vom Wachbewußtsein aufgenommen, sinkt, auf der zweiten Stufe, wenn festgehalten, ins Unterbewußtsein hinab, verbündet sich dort mit verwandten Gedanken und Gefühlen und macht sie seinem Verwirklichungsstreben dienstbar. Auf der dritten Stufe bewirkt er die ihm entsprechenden positiven oder negativen Schaltungen im leib-seelischen Organismus und im Schicksalsgeschehen. Das heißt:*
   Der Gedanke wirkt einerseits verändernd auf die seelischen Stimmungen und Strebungen und von dort her über das sympathische Nervensystem und den Drüsenapparat auf die Zellen und Organe des Körpers funktionsändernd ein, und andererseits löst er in der Umwelt entsprechende anti- oder sympathische Resonanzen und Reaktionen aus, und zwar bei Menschen, Dingen und Geschehnissen – mit der Wirkung, daß diese je nach der Dynamik des Gedankens seiner Verwirklichung entgegenkommen oder dienen.

Mit einem Satz: *Vorstellung schafft Wirklichkeit* – um so sicherer, je gefühlsbetonter und dynamischer der zugrundeliegende Gedanke ist und je beharrlicher und ausschließlicher er zum Gegenstand der Konzentration gemacht wird.

Wo die Denkkraft bewußt entfaltet und zu *Kraftdenken* wird, erlangt der bejahte Gedanke ständig wachsende Strahl- und Wirkkraft.

WAS HEISST KRAFTDENKEN?

Das Denken der meisten Menschen gleicht dem Spiel des Windes, der die Herbstblätter ziellos herumjagt; tausend Gedanken huschen über das Blickfeld ihres Bewußtseins, so daß ihnen die einzelnen Gedanken nur einen Augenblick lang bewußt werden. Infolge dieser Flüchtigkeit und Oberflächlichkeit haben diese Gedanken weder Gewicht noch Wirkung.

Denkkraft entsteht erst, wenn die Gedanken gesammelt werden; wie einzelne Tropfen keine Macht haben, zu einem Strom gesammelt aber elektrische Energie erzeugen und viele andere Arbeiten leisten können.

Wenn die physische Krafteinheit mit „dyn“ bezeichnet wird, können wir die geistige Krafteinheit, den einzelnen Denkkraftimpuls, einem *„Dyn“* gleichsetzen und sagen: Mit der Intensität und Beharrlichkeit der Konzentration steigt die Bewegungsgröße und Verwirklichungskraft eines Gedankens von 0 auf x Dyn. Und diese Bewegungsenergie wirkt sich nicht nur in der Zelltätigkeit des Körpers aus, sondern setzt auch andere Wesen und selbst Dinge in Bewegung, wirkt also schicksalbildend.

Es ist durchaus begründet, die Gedankenkraft mit physikalischen Kräften zu vergleichen, also vom Gewicht und von der Schwerkraft der Gedanken zu sprechen, von der Dynamik und Verwirklichungskraft des Denkens, da bewußtes konzentriertes Denken entsprechende Druck-, Anziehungs- oder Abstoßungskräfte in Richtung der gehegten Gedanken auslöst, also Wirkungen hervorruft. Wir sprechen dann von *Kraftdenken.*

Kraftdenken ist ein Begriff mit vielen Aspekten. Es bedeutet unter anderem:

1. *Bewußtes Denken,* also das Gegenteil des üblichen Gedankenleerlaufs infolge Zerfahrenheit; es ist die Vorbedingung des positiven, aufbauenden Denkens, nämlich das stete Wissen: Ich denke!

2. *Kraftbetontes Denken,* das geladen ist mit dem Gewißsein: In mir ist eine Kraft, die vorwärts strebt nach Erfüllung und Verwirklichung, eine Kraft, die mit dem unerschöpflichen Kraftquell des Universums eins ist!
3. *Einheitliches Zieldenken,* bei dem der Körper mitdenkt, mitschwingt und mitwill.
4. *Volldenken,* bei dem das Hirndenken mit dem Herzdenken parallelläuft. Denken, Fühlen und Wollen sind *eine* Kraft, und der Rhythmus dieser Kraft ist gleichschwingend mit dem Rhythmus der Allkraft. Vollwille und Allwille sind eins.
5. *Positives Denken,* bei dem an Stelle der üblichen negativen Gedanken der Furcht, Unruhe, Unsicherheit, Müdigkeit, Mißgestimmtheit und Sorge bewußt positive, bejahende, aufbauende Gedanken des Mutes und der Kraft, der Zuversicht und Freude festgehalten werden.
6. *Liebendes Denken,* das nicht nur das eigene Wohlergehen zum Ziel hat, sondern immer das Wohl der anderen mit einschließt und alles Gute bejaht. Dauernden Erfolg hat nur, wer sich allen guten Kräften liebend öffnet, jedes Wesen als Freund wertet und nur denkt und fühlt, spricht und tut, was lieb, gut und förderlich ist.
7. *Dynamisches Denken,* das so energiegeladen, geistbewußt und glückbejahend ist, daß der so Denkende spürbar Kraft ausstrahlt. Es ist ein Denken nicht aus dem kleinen „Ich", sondern aus dem innersten Selbst, das sich mit dem Urquell aller Kraft und Fülle eins weiß und sich selbst als Kraftfeld bejaht.

DER MENSCH ALS KRAFTFELD

Im allgemeinen wird der *Mensch* definiert als „in sich geschlossene Person", die im Gegensatz zum Tier von der Umwelt aus eigenem Willen Abstand nehmen, sich ihr anpassen, sie aber auch beherrschen, umgestalten und ihren Zielen dienstbar machen kann.

Man kann den Menschen aus verschiedenen Blickwinkeln betrachten: als biologisches oder als denkendes Wesen, als „zoon politikon“ oder als „homo sapiens“, als leibseelische Einheit oder als geistige Potenz. Hier geht es um die letztere Sicht: um die Wertung des Menschen als *geistiges Kraftfeld.*

Wie jeder Stern sein Kraftfeld hat, das sich mit den Kraftfeldern anderer Gestirne berührt, auf sie einwirkt und von ihnen beeinflußt wird, so besitzt jeder Mensch sein geistiges Kraftfeld, das auf andere Wesen verschieden stark einwirkt und von ihnen beeinflußt wird.

Letztlich hat sogar jedes Atom und jeder Gedanke sein eigenes Kraftfeld. Alles ist Strahlung. Der Mensch ist ein Akkumulator der verschiedensten Kräftestrahlungen. Atomphysikalisch gesehen, ist sein Körper eine strahlende Elektronenwolke mit bestimmten Kräfteballungen und -strömungen; biopsychisch gesehen, ist er Sender und Empfänger mentaler, psychischer und geistiger Kräfte der verschiedensten Art und Schwingungsfrequenz.

Selbst ein Kraftfeld von kompliziertester Struktur, bewegt der Mensch sich ständig in Kraftfeldern fremder Körper, Wesen und Gedanken, die mehr oder minder stark auf ihn einwirken und wiederum von ihm beeinflußt werden — nach dem Grade seiner Konzentration, die ihn nicht nur für verwandte, sympathische mentale, seelische und kosmische Wellen ansprechbar und aufnahmefähig macht, sondern ihn auch nach dem Grade der Bewußtheit seiner Gedanken und der Dynamik seines Wesenskraftfeldes zu einem auf die Umwelt verändernd einwirkenden Faktor erhebt.

Wenn wir den Menschen als geistiges Kraftfeld werten, liegt der Ton auf *Geist;* denn er ist seinem innersten Wesen nach Geist, ein spirituelles Selbst, für das Ich, Körper und Umwelt Mittel der Selbstoffenbarung, Wesensentfaltung und Verwirklichung sind.

Um das zu erkennen, muß der Mensch sich allerdings auf sich selbst, sein *Selbst,* das Zentrum seines Wesens, besinnen. Voraussetzung und Ausgangspunkt solcher Selbstbesinnung ist die *Konzentration.*

Der praktische Weg zu solcher Konzentration und damit zu wachsender Lebenskraft und Gesundheit, schöpferischer Leistung und Wirkung, wird hier gezeigt.

WESEN UND WERT DER KONZENTRATION

„Gut ist es, den Körper zu zähmen; gut, die Rede zu zügeln; gut, die Gedanken zu meistern; gut, sich selbst zu beherrschen. Wer Herr ist seiner selbst, wird von allen Leiden befreit."

Dhammapadam

Tausend Künste beherrscht der Mensch – aber die wichtigste, die Kunst, *richtig zu leben,* meistert er unzulänglich oder gar nicht.

Das wird anders, wenn er die Pforte zu einem wesentlichen, besinnlichen, an Fortschritten, Erfolgen und Beglükkungen reichen Leben durchschritten hat: die Pforte der *Konzentration.*

Gerade in der heutigen Zeit fortschreitender Dekonzentration, die durch die Massenmedien Presse, Funk und Fernsehen gefördert wird, ist die Übung der Konzentration unerläßlich, um dem Abbau und Verfall der schöpferischen Kräfte und Vermögen wirksam zu begegnen.

Konzentration ist unabdingbare Voraussetzung dauernder Lebenstüchtigkeit. Sie verhindert, daß Gedanken- und Lebensenergien durch zerstreutes und negatives Denken, nervöse Reaktionen, unwillkürliche Muskelzuckungen und Körperbewegungen und sonstige unnötige Spannungen verlorengehen. Sie verwandelt den alltäglichen Gedankenleerlauf in zielgerichtetes erfolgbejahendes Kraftdenken.

Die Notwendigkeit der Konzentration wird eindringlich durch die wachsende Zahl täglicher Unfälle und Unglücke unterstrichen. Die meisten Unfälle sind Folgen mangelnder Konzentration und Aufmerksamkeit:

Da sitzt einer am Steuer seines Wagens, fährt und kurvt, indes seine Gedanken statt auf dem Straßenstück vor ihm bei angenehmen Ferienerinnerungen, einem unerquicklichen

Streit oder einer Sorge weilen, in der Vergangenheit oder in der Zukunft, statt in der Gegenwart. Mit den Gedanken wiederum schweift unwillkürlich auch der Sehsinn ab: das Geschehen auf der Straße wird nicht mehr vollbewußt wahrgenommen, die Geistesgegenwart ist blockiert – und schon ist es passiert ...

... Statt erst im Krankenhaus über diese Zusammenhänge nachzudenken, gewöhnt man sich besser vorher an Konzentration. Dann nimmt die Zahl der Mißhelligkeiten und Mißgriffe, Mißgeschicke und Unfälle in Haushalt und Garten, am Arbeitsplatz, in der Werkstatt und Fabrik und beim Verkehr von selbst ab.

Wir können unser Leben durch weise Vorsicht zum Teil verlängern. Mit Sicherheit aber können wir es vertiefen, verwesentlichen und bereichern – durch Gewöhnung an Konzentration.

BEDEUTUNG DER KONZENTRATION

„Was ist das Geheimnis meiner Erfolge? Etwa mein Feldherrntalent? Ich bin sicher, daß tausende meiner Offiziere dieses Talent im gleichen Maße besitzen. Oder meine staatsmännische Befähigung? Wer weiß, vielleicht sitzt fünf Minuten von hier in irgend einem Amt ein Mann, der eine weit größere Fähigkeit hat, Staaten zu lenken, als ich. Nein – meine Talente sind es nicht, die mich hochgebracht haben. Etwas anderes ist es: ich habe die Fähigkeit, mein Gehirn zu behandeln, als wenn es aus hundert und aberhundert kleinen verschließbaren Fächern bestände. Wenn ich mich mit der Sache A beschäftige, so ist in meinem Geist nur das Fach A geöffnet; alle anderen Fächer sind streng verschlossen. Meine Stärke liegt in der an sich einfachen Fähigkeit, *meine ganze Gedankenkraft immer gerade auf denjenigen Punkt zu konzentrieren, mit dem ich mich befasse,* und während dieser Zeit nichts anderes in mein Bewußtsein hineinzulassen. Die meisten Menschen tun das nicht. Sie teilen ihre Gedankenarmeen, machen sie hierdurch ohnmächtig und können daher im Lebenskampf niemals große entscheidende Schlachten gewinnen."

Was diese Worte *Napoleons* deutlich machen, ist die Tatsache, daß eines der einfachsten Mittel zur Erlangung und Sicherung der Überlegenheit in Beruf und Leben die *Gewöhnung an Konzentration* ist. Zielkonzentration führt nicht nur zu rascherer Zielerreichung, sondern allgemein zur Erhöhung des Erfolgsvermögens. In ihr vereint sich *Aktivität* mit *Überlegung* zu jederzeitiger *Überlegenheit.*

Aktivität ohne Überlegung führt leicht zum Schiffbruch im Leben. Überlegen ohne Aktivsein verführt zum Tagträumen und hält den Erfolg fern. Wo aber beide sich vereinen, da entsteht jene innere Wachheit und Arbeitshingabe, die den Erfolg herbeizieht.

Wer konzentriert arbeitet, leistet in drei Stunden mehr als der Durchschnitt in acht Stunden. Er ist gesammelt in seinem Denken, zielbewußt in seinen Dispositionen, eindeutig in seinen Planungen und Anweisungen, klar in seinen Äußerungen und erfolgsicher in seinem Tun. Bevor die anderen sich mit der Arbeit angefreundet haben, ist er schon halb fertig. Ehe die anderen aufstehen, hat er schon einen Teil seines Tagesprogramms bewältigt und auch den Rest so vorausgeplant, daß alles wie am Schnürchen geht und ihm noch Zeit läßt, etwas Besonderes zu leisten. Denn gerade seine Gewohnheit, das, was er tut, konzentriert zu tun, hilft ihm Zeit sparen – Zeit für Dinge, die ihn interessieren, und für das, was er zusätzlich schaffen kann.

WESEN DER KONZENTRATION

Was ist eigentlich Konzentration?

Wenn hier mehrere Definitionen gegeben werden, dann zu dem Zweck, das Wesen der Konzentration von verschiedenen Seiten zu beleuchten und deutlich zu machen.

Denken heißt, wie wir sahen, bewegen und verwirklichen. *Konzentration* ist bewußte, zielgerichtete, positive, dynamische Bewegung und Verwirklichung.

Konzentration heißt wörtlich: Sammlung auf einen Mittelpunkt, Zusammenfassung, Vereinigung. Man versteht darunter die Fähigkeit, die Aufmerksamkeit willkürlich auf bestimmte Gedanken oder Objekte zu richten. Unwillkürliche Aufmerksamkeit nennt man *Interesse*.

Die Gedanken werden bei der Konzentration von allem Außen und Äußerlichen abgezogen und nach innen, auf ein *gemeinsames Zentrum* gesammelt: auf das im Blickfeld des Bewußtseins befindliche Objekt, Ziel oder Vorhaben.

Wie durch eine Sammellinse ein paralleles Strahlenbündel – etwa Sonnenlicht – so auf einen Punkt konvergiert, konzentriert, vereinigt wird, daß es Arbeit leistet, etwa Brennbares entzündet, so werden durch die Linse der Konzentration die durcheinanderlaufenden Gedanken zum Zusammenstreben und zur Vereinigung ihrer Kräfte veranlaßt mit der Wirkung, daß aus bloßem Denken *Kraftdenken* wird, dessen Energie der der gesammelten Sonnenstrahlen vergleichbar ist: die durch die Zielkonzentration vereinigten Gedanken entfalten eine wachsende Stoßkraft und verleihen dem Menschen erhöhte Durchsetzungskraft.

Wie ein Muskel durch Übung stärker wird, so auch die Kraft der Konzentration: wenn sie durch Übung zur Gewohnheit wird, wird im gleichen Maße das Denken dynamisch, das Wollen zum Tatimpuls, und jede Handlung wird mit positiver Zielkraft geladen.

Wie ein Schütze ausschließlich auf sein Ziel gerichtet ist,

der Seiltänzer auf das Seil, so ist der Scheinwerfer des Bewußtseins ausschließlich auf das Objekt der Konzentration gerichtet. Alles andere ist infolge der Einengung des Blickfeldes sozusagen abgedunkelt, unwahrnehmbar und kann weder ablenken noch stören. Indes werden alle gleichschwingenden Gedanken angezogen und zu einer dynamischen Einheit verschmolzen.

Bei der dynamischen Konzentration bleibt der Scheinwerfer des Bewußtseins jedoch nicht starr auf das Objekt gerichtet, vielmehr ändert er seine Stellung und damit den Blickwinkel, so daß das Objekt der Konzentration allseitig belichtet, erhellt und verlebendigt wird. –

Wie ein Kaufmann etwa seine in verschiedenen Unternehmen und Konten steckenden Mittel zusammenzieht, um mit erhöhtem Einsatz ein großes Geschäft zu tätigen, so bewirkt die Zusammenziehung und Zentralisation der Gedanken die Verschmelzung von Idee, Wille und Tat, die Einswerdung von Denker, Gedanke und Ziel, und damit ein Optimum an Einsatzfähigkeit, Geistesgegenwart und Durchsetzungskraft.

Wie in einer chemischen Lösung durch Eindampfen eine „Konzentration", d. h. eine Erhöhung des Stärkegrades durch Verminderung der unwesentlichen Bestandteile erreicht wird, so erhöht die Gedankenkonzentration den Wirkungsgrad der Gedankenmacht durch Abblendung und Ausscheidung der nicht dazugehörenden Elemente, der störenden Nebengedanken und -gefühle.

Konzentration ist – das soll damit gesagt werden – ein natürlicher Vorgang.

Jeder besitzt sie als Anlage, wie man beim Kind feststellen kann, wenn man beobachtet, wie es mit innerer Aufmerksamkeit einem Gedanken nachsinnt, sich ihn ausmalt, ihn lebendig vor sich sieht, wie das Auge des Kindes groß und leuchtend wird, wie es förmlich nach dem innerlich Gestalteten, geistig Gebauten greift, oder mit welcher Ausschließlichkeit es sich einem Spiele oder einem Buch hingibt.

Dieses natürliche Konzentrationsvermögen muß vom Erwachsenen nur wiedererweckt und planmäßig entfaltet werden. Dazu ist jeder — Schwachsinnige und Geisteskranke ausgenommen — in der Lage.

DYNAMISCHE KONZENTRATION

Wir unterscheiden zwei Formen der Konzentration: die *bewußte*, willkürliche, und die *unbewußte*, unwillkürliche. Mit der ersteren haben wir es hier zu tun. Die zweite entspricht dem, was wir „Interesse" nennen: das unwillkürliche Hinwenden der Aufmerksamkeit auf und das Verweilen bei einer Sache, einem Objekt bei gleichzeitiger Herabsetzung der Wahrnehmungsbereitschaft für alles, was nicht dazu gehört.

Bei der bewußten Konzentration unterscheiden wir wiederum zwei Arten: die *statische*, starre Fixierung eines Gedankens oder Objekts mit der Absicht bloßen Einprägens und Festhaltens, und die *dynamische* Konzentration, bei der das im Blickfeld des Bewußtseins befindliche Objekt allseitig betrachtet, beleuchtet, gewertet und mit dazugehörenden Vorstellungskomplexen verbunden und angereichert wird mit der Wirkung, daß die Konzentration fortlaufend an Tiefe, Intensität und Fruchtbarkeit gewinnt.

Statisch konzentriert ist etwa der Zuschauer im Kino oder Fernsehen, bei einem Fußball- oder anderen Spiel. *Dynamisch konzentriert* ist etwa der Experimentator oder Forscher, der in lebendigem Kreisenlassen der Gedanken um ein Thema ein Problem allseitig anpackt, dabei mehr und mehr in die Tiefe dringend, und im Maße seiner wachsenden inneren Wachheit und Ansprechbarkeit für die schöpferischen Impulse seines Unter- und Überbewußtseins zu neuen Einsichten, Erkenntnissen und Ergebnissen gelangt.

Statische Konzentration auf ein Objekt, etwa eine Blume, führt zur Verlebendigung des inneren Bildes; dynamische Konzentration führt darüber hinaus zu einer Art psychischer Verschmelzung und zur Erfassung des Wesentlichen, ja des Wesens des Gegenstandes. Die Wirkung der dynamischen Konzentration kann der einer Flamme verglichen werden, die unter einem Gefäß mit Wasser entzündet wird und, indem sie Wasser in Dampf verwandelt, Kräfte entfesselt, die explosiv zerstörend wirken, ebenso aber positive Dienste leisten können.

Aus wieder anderer Sicht:

Jeder Gedanke ist ein geistiges Saatkorn, das durch die Konzentration zum Keimen, Wachsen, Blühen und Fruchttragen veranlaßt wird. Es liegt bei uns, welche Saat im Garten des Bewußtseins wie des Lebens heranwächst, Frucht trägt, sich vermehrt und ausbreitet.

Dynamische Konzentration bringt Keime künftiger Wirklichkeit zum Wachstum. Sie aktiviert die in der Gedankensaat schlummernden Bildekräfte. Wie diese sich auswirken können, läßt sich an Beispielen wie dem des Wagenwäschers Staritzky zeigen:

Er hatte auf der Station Krasnojarsk einen Kühlwagen zu reinigen, war bei der Arbeit eingeschlafen und, als der Zug abfuhr, eingeschlossen worden. Beim Anfahren des Zuges erwachte er und erschrak tödlich, da er glaubte, erfrieren zu müssen, wie mit Kreide an die Wände gekritzelte Bemerkungen erkennen ließen. Als der Zug 30 km westlich von Krasnojarsk hielt und der Wagen geöffnet wurde, fand man Staritzky tot auf. Obwohl der Kühlapparat defekt war und die Wagentemperatur 11 Grad betrug, hatte die bloße Vorstellung, erfrieren zu müssen, ihn getötet . . .

Was hier und in anderen Fällen in negativer Richtung geschah, ist genau so intensiv in positiver Hinsicht möglich: gläubige Bejahung etwa des Gesundwerdens und Gesundseins kann unmittelbar heilend wirken, wenn die Konzentration auf das Bild der Gesundheit *dynamisch* ist: Sammlung aller Kräfte der Leibseele-Einheit auf das innerlich geschaute Bild strahlenden Heil- und Starkseins. Je plastischer das innere Bild wird, desto deutlicher fühlt der Kranke, wie neue Kraft seinen Körper durchströmt und wie das innere Bild sich im Körperzustand zunehmend realisiert. –

Was *dynamische Konzentration im Alltag* bedeutet, wird einem klar, wenn man einmal einen ganzen Tag hindurch alles, was man tut, *bewußt tut*, also unter gedanklicher Bejahung dessen, was man jeweils tut. Das heißt: wenn man morgens *bewußt* aufsteht, dann nicht unter mechanischer Besinnung: ‚Ich stehe auf!‘, sondern mit der dynamischen Bejahung:

„Ich erhebe mich geistig wie körperlich. Alle Müdigkeit fällt von mir ab! Ich schreite in den neuen Tag schöpferischen Wirkens hinein“, usw.

Man begleite so jede einzelne Handlung, vom Ankleiden bis zum Arbeitsbeginn, mit einer Vielzahl vorwärtsweisender Bejahungen. Beim Zähneputzen z. B. denke man nicht nur: „Ich putze meine Zähne“, sondern man spreche in Gedanken mit den Zähnen: „Ich sorge für eure Sauberkeit. Ich brauche euch und bejahe euer Gesundsein. Bleibt stark und gesund!“

Beim Frühstück denkt man nicht nur: „Ich esse! Es schmeckt mir!“, sondern man bejaht: „Mit jedem Bissen Nahrung, den ich gründlich kaue, nehme ich Lebenskraft in mich auf. Ich spüre, wie die Nahrung meinen ganzen Körper belebt und stärkt. Mein Magen wird die Nahrung gut verarbeiten“, usw.

Man begleite weiterhin den Weg zur Arbeitsstätte, den Beginn der Arbeit und jede Einzelheit derselben, soweit möglich, mit Bejahungen höchsten positiven Gewinns jeder Handlung, um so alles, was man tut, zu *dynamisieren* – und zwar bis zum Einschlafen am Abend, das man bis zur letzten Sekunde des Wachseins durch Bejahungen tiefen, traumlosen, erquickenden Schlafs, der Aufnahme positiver Inspirationen während der Nacht und des Aufblitzens förderlicher Einfälle beim Aufwachen verwesentlicht.

Wenn man das einen Tag hindurch getan hat, spürt man bereits den Gewinn: die Gedanken stellen sich williger auf den neuen Rhythmus ein, sind mehr und mehr bei der Sache. Und wenn man dies eine Zeitlang geübt hat, weiß man, was *dynamische Konzentration* bedeutet: jederzeitiges positives Gesammeltsein aller Kräfte auf das, was man tut, Erfüllung jeder Handlung mit Impulsen lebendigen Fortschritts.*)

Darüber hinaus führt dynamische Konzentration zu immer bewußterer Sammlung auf das Zentrum des eigenen Wesens, also vom zerstreuenden ‚Überall-Dabeisein' zum jederzeitigen bewußten ‚Bei-sich-Selbstsein' und ‚Mit-sich-selber-Einssein'. Das hat nach außen hin Ausgeglichenheit, Harmonie und Gelassenheit wie erhöhte Wachheit, Wachsamkeit und Geistesgegenwart zur Folge.

Der solchermaßen konzentrierte Mensch hat ein höheres geistiges Potential, das sich als unbeirrbare Beharrlichkeit und Spannkraft, als Durchsetzungswille und unermüdliche Schaffenskraft äußert.

SAMMLUNG, NICHT SPANNUNG

Manche denken bei dem Wort ‚Konzentration' an einen Athleten, der seine Muskeln spannt. In Wirklichkeit ist Konzentration nicht Spannung, sondern Entspannung und Sammlung, wie im weiteren gezeigt wird. Echte Sammlung geschieht *ohne* jene leicht krampfig werdende Anstrengung, die nach dem Gesetz des Gegenwillens eher die Dekonzentration begünstigt.

Konzentration ist nicht Kampf gegen Zerstreuung und

*) Was hier nur kurz angedeutet werden kann, ist ausführlich am Beispiel eines Tagesablaufs dargelegt in dem Lebensbuch *„Selbst- und Lebensbemeisterung durch Gedankenkraft*, Dynamische Psychologie im Alltag", von K. O. Schmidt (6. Aufl., 250. bis 255. Tausend, Baum-Verlag, Pfullingen/Württ.).

Gedankenflucht, sondern mühefreie Umschaltung und Sammlung der Gedankenkräfte auf einen Punkt – vergleichbar etwa dem Zusammenströmen vieler einzelnen Rinnsale und Bäche zu einem Fluß, dessen Wasserkraft positive Dienste leistet. Kennzeichen der rechten Sammlung, die immer positiv und dynamisch ist, ist *Unablenkbarkeit.*

Prüfen Sie einmal den Grad Ihrer Unablenkbarkeit! Sie arbeiten am Schreibtisch oder lesen und hören, wie neben Ihnen gesprochen wird. Das stört Sie? Warum lassen Sie sich ablenken und stören? Wenn Sie konzentriert sind, blenden Sie automatisch ab und sammeln Ihre Aufmerksamkeit auf die Arbeit oder Lektüre. Wenn Sie hingegen nicht konzentriert sind, dann lenken Sie einen Teil Ihrer Aufmerksamkeit auf die Störung, spannen und ärgern sich über das Gemurmel, das Sie daraufhin um so lauter vernehmen. Sie richten Ihr Interesse zunehmend auf die Störung statt auf Ihre Tätigkeit – und da der Gedanke des Gestörtseins nach seiner Verwirklichung strebt, werden sei zunehmend verstörter.

Sie können sich durchaus konzentrieren; nur tun Sie es in der falschen Richtung. Die Abblendung und Abschaltung von der Störung und die Umschaltung auf Ihre Tätigkeit muß ohne Willensbemühung erfolgen, unwillkürlich, als gelassene Hinwendung auf Ihre Tätigkeit.

Spannung und Dekonzentration verrät es auch, wenn man während einer Tätigkeit oder Unterhaltung mit den Händen spielt, mit den Fingern auf den Tisch trommelt, mit dem Stuhl wippt, unwillkürliche Bewegungen macht, die Nervosität verraten und die Sammlung erschweren. Man beobachte sich einmal daraufhin, wieviele unbeherrschte Körperbewegungen man macht, mit deren Abstellung auch die auslösende Unruhe abklingt und der Kräfteleerlauf abgestellt wird.

Sammlung bedeutet gelassenes Verweilen bei dem ins Blickfeld des Bewußtseins gerückten Objekt, in das man den Gedankenstrom einmünden läßt, von dem alle Gedanken wie von einem Kraftfeld angezogen und gleichgerichtet werden.

So gesehen und geübt, ist Sammlung nicht schwer, sondern leicht.

INTERESSE

Wenn die Sammlung nicht bewußt, sondern mehr *unbewußt* vollzogen wird, sprechen wir von ‚*Interesse*'.

Interesse heißt wörtlich: in und bei der Sache sein, innere Teilnahme, Gleichrichtung der Gedankenkräfte, die den Gegenstand des Interesses positiv laden, ihn wertbetont, genußreich machen.

Wir sind bei dem, das uns interessiert, mit der Seele, mit dem Herzen dabei, weshalb Interesse auch als *gefühlsbetontes Verweilen der Aufmerksamkeit beim Objekt derselben* definiert wird. Dabei sind alle Gedanken gefühlsgeladen und gesammelt, so daß der so Eingestellte für störende Nebengedanken und äußere Ablenkungen unempfindlicher ist, wie etwa der Liebende über der Geliebten die Umwelt nicht mehr wahrnimmt ...

Interesse sollten wir nicht nur im täglichen Umgang in Form erhöhter Wachheit und zuvorkommender Aufmerksamkeit, schärferen Hinsehens und entsprechend gesteigerter Auffassungs-, Merk- und Reaktionsbereitschaft zeigen, sondern auch beim Alleinsein, bei der Arbeit in der Stille, etwa beim Lesen:

Nur wer mit Interesse zu lesen gelernt hat, erlangt ein erlesenes Wissen und gewinnt darüber hinaus Weisheit.

So viele lesen morgens ihre Zeitung; aber wenn man sie abends nach dem Gelesenen fragt, können sie nur unbestimmt und bruchstückhaft wiedergeben, was sie in sich aufgenommen haben. Wer hingegen *konzentriert liest,* der fügt das Gelesene als positiven Gewinn seinem Wissen hinzu. Wer bewußt liest, liest langsam und besonnen, baut das Gewonnene gleich an der richtigen Stelle in den Schatz seines bisherigen

Wissens, Kennens und Könnens ein und weiß es praktisch zu nutzen.

Mit dem *Hören,* z. B. im Gespräch, beim Radio oder Fernsehen, ist es ähnlich. Und wer das jederzeitige aufmerksame Dabeisein noch als schwer empfindet, der kann es wekken und üben, indem er bei dem, was er vernimmt und sieht, bewußt bejaht:

> *„Dieser Gegenstand interessiert mich. Ich richte alle meine Gedanken darauf. Es macht mir Freude, mich damit zu befassen. Mein Interesse daran wächst ständig. Die Arbeit bereitet mir Genuß; alle Kräfte in mir drängen danach, sich an ihr zu messen. Ich bin ganz bei der Sache. Die Sammlung gelingt mir mit jedem Tage in jeder Hinsicht immer besser und besser!"*

Wenn man so vorgeht, entdeckt man bald, daß das Geheimnis der Konzentration in der *Inbrunst* liegt, mit der man sich dem Gegenstand der Betrachtung zuwendet. Und was beim ersten Male nicht gelingt, versuche man einfach mit der gleichen Bejahung erneut und immer wieder so lange, bis einem die neue Haltung leicht fällt.

Der Amerikaner würde sagen: „Mach Dir ein Geschäft daraus!", d. h.: verrichte Deine Arbeit mit dem gleichen Eifer und Genuß, der gleichen Freude und Lust, mit denen Du Deiner Lieblingsbeschäftigung nachgehst.

KONZENTRATION BEIM SCHAFFEN

„Die Kunst, einen Bleistift zu spitzen" – so erklärte ich einmal einem jungen Menschen, dem ich bei seinem Arbeitsbeginn zugeschaut hatte –, „könnte Ihnen den Unterschied zwischen dem Durchschnittsmenschen und dem Genie und den Nutzen der Arbeits-Konzentration bewußt machen."

Da er mich fragend anschaute, zeigte ich ihm, wie *er* soeben seinen Bleistift gespitzt hatte: hastig und lieblos, unwirsch ob der lästigen Störung –, und wie ein Meister der Konzentration es täte: mit der den Erfolgreichen auszeichnenden Sammlung auf das, was er gerade tut, mit Andacht und Vergnügen zugleich. Seine begleitenden Gedanken mögen dabei etwa diese sein:

‚Noch eine kleine Atem-, Sammel- und Selbstbesinnungspause vor der Arbeit? Gut. Da nehme ich auch gleich die anderen Bleistifte hinzu, damit alle schön spitz und gebrauchsfertig werden. Wie ich diese Bleistifte spitze, so werden auch meine Zielgedanken bei der Arbeit zugespitzt, bis der leitende Erfolgsgedanke so ‚einspitzig' vor mir steht, daß er mich fühlbar an die Spitze trägt. Ein gut gespitzter Bleistift ist Symbol zielbewußt begonnenen Schaffens. Wie diese Arbeit gelingt, so ist das Werk des ganzen Tages auf den Erfolg zugespitzt ... Und nun habe ich mich in die richtige Begeisterung hineingespitzt. Also los!'

Sehen Sie – fuhr ich fort – „auch bei der kleinsten und unscheinbarsten Verrichtung kommt es entscheidend darauf an, daß man a) mit den Gedanken *ganz* dabei ist und b) seine Arbeit nur mit *positiven* Gedanken begleitet.

Jede Konzentration auf das, was man gerade tut, mobilisiert in den Tiefen des Un- und Überbewußten ein entsprechendes Maß an Arbeitsfreude und Leistungskraft und einen *Erfolgsschwung*, von dem man sich bei der Durchführung des Tagesplans von Teilarbeit zu Teilarbeit und über tote Punkte beim Schaffen hinwegtragen und vorantreiben läßt.

Und wenn die die Arbeit begleitenden Gedanken zugleich positiv sind, eben diese wachwerdende Schaffensfreude, Leistungskraft und den Erfolgsschwung *bejahend*, dann fügt man zur bloßen Planungstechnik und Arbeitsroutine den erfolgentscheidenden dritten Faktor hinzu: die *Arbeitsdynamik*, die ein Werk zum Kunstwerk erhebt, aus Arbeit Qualitätsarbeit macht und sie mit dem Geist des Erfolges erfüllt.

Es ist jener Geist des Gelingens, den Goethe mit seiner Bejahung meinte:

Schaff', das Tagwerk meiner Hände,
Hohes Glück, daß ich's vollende!
Laß, o laß mich nicht ermatten!
Nein, es sind nicht leere Träume:
Jetzt nur Stangen, diese Bäume
Geben einst noch Frucht und Schatten.'

In diesem Geiste begonnene Arbeit wird nicht nur kurzweiliger, leichter und rascher vollendet, sie erweist sich auch als eine Quelle des Glücks und des Fortschritts. Rechte Arbeitsdynamik, die mit der Arbeitskonzentration beginnt, ist ein Schlüssel zu allem, was den Menschen größer und reicher macht. Keine Selbstverwirklichung, keine Erkenntnis der eigentlichen Berufung und Befähigung, keine Lebenssinnerfüllung ohne Arbeitskonzentration, die bei den kleinen Dingen beginnt und zu den höchsten Gipfeln der Lebenskunst und Schicksalsmeisterung emporträgt!"

Die erst uninteressiert dreinblickenden, aber nun wachen Augen des Jungen zeigen, daß er verstanden hat, worauf es ankommt. Und er demonstrierte es, indem er nach einem neuen Bleistift griff und, ihn spitzend, schweigend zeigte, daß ihm aufgegangen war, daß die Beherrschung der simplen Kunst, einen Bleistift zu spitzen, die erste Stufe einer Leiter sein kann, die den Menschen sein Leben lang höherleitet.

Denn was ist die Zukunft für den Menschen anderes als — *er selbst!* Wer wirklich er selbst ist — wach, konzentriert und bewußt bei allem, was er tut — und damit die erste Forderung der Arbeitsdynamik erfüllt, der hat damit bereits die ersten Schritte getan auf dem Wege nach oben.

Jede Arbeitskonzentration wirkt auf die beteiligten Gedanken und Kräfte wie eine Sammellinse, die deren Wirkkraft vereint und potenziert und nicht nur die Arbeitsfreude und -ausdauer, sondern auch die schöpferische Leistungsfähigkeit erhöht.

Die durch die Konzentration bewirkte innere Sammlung wirkt sich auch auf die Ordnung der Arbeit und der Dinge aus; das Bewußtsein erweitert sich und lernt, aus dem Un- und Überbewußten neue Einsichten und Eingebungen zu schöpfen.

Kein Forschritt in den Bereichen der Wissenschaft und Technik, Wirtschaft und Kultur wurde ohne vorangegangene Konzentration der Gedanken auf die jeweiligen Probleme oder Aufgaben erreicht. Diese Konzentration kann bis zu selbstvergessender Hingabe gesteigert werden, wie das klassische Vorbild dynamischer Konzentration, *Sokrates*, gezeigt hat:

Sokrates konnte, in Gesellschaft anderer, plötzlich verstummen und lange versonnen dasitzen, um einem Problem nachzuspüren, ohne die Umwelt wahrzunehmen. Seine Freunde wußten davon und achteten es. Einmal blieb er bei einem Spaziergang mitten auf dem Marktplatz stehen und verweilte dort unbewegt den ganzen Nachmittag und die folgende Nacht hindurch bis zum Morgen. Da erst kam Bewegung in ihn und er setzte den unterbrochenen Spaziergang fort. Er war so an Konzentration gewöhnt, daß sie sich bei ihm zur *Kontemplation* steigerte, bei der sein Bewußtsein gänzlich nach innen gesammelt war.

Gleich Sokrates kann der, der sich an dynamische Konzentration gewöhnt hat, jederzeit und überall arbeiten, ohne durch äußere Störungen abgelenkt zu werden. Er kann seine Gedanken und Pläne unbehindert verfolgen und entwickeln, kann sie niederschreiben, diktieren oder auf Band sprechen, auch wenn um ihn herum geredet oder telefoniert wird – weil er die Kunst der Abschaltung beherrscht.

Alle großen Männer der Tat waren solchermaßen konzentriert. Was sie waren, waren sie *ganz*. Man stelle sich einen Erfinder vor, der vor dem Abschluß einer großen Arbeit steht: seine ganze Energie ist Tag und Nacht auf sein Ziel, sein Werk gerichtet; jedes Atom seines Körpers schwingt in dem gleichen Gedanken. Die geplante Maschine steht als geistige Wirklichkeit vor seinem inneren Auge, zwischen ihm und ihr bestehen feine magnetische Verbindungen, die laufend stärker werden und das geistige Urbild seiner Maschine in allen Einzelheiten immer klarer gestalten. Er ist ganz eins mit seinem Werk, geschlossene innere und äußere Einheit – und nichts ist sicherer, als daß er sein Ziel erreicht!

Der Nutzen der Konzentration dürfte klar sein: sie erhöht

die Begeisterung, die unerläßlich ist, um ein Werk, ein Unternehmen zum Ziele zu führen und die Schaffensfreude bis zuletzt nicht erlahmen zu lassen,

das Selbstvertrauen, da man in sich neue, positive, vorwärtstragende Kräfte erwachen fühlt,

die Vorstellungskraft, so daß das Ziel mit zunehmender Schärfe und Klarheit gesehen und zielstrebig verfolgt wird; das Vermögen, plastisch zu gestalten, geistig zu bauen, nimmt zu, und im gleichen Maße wächst die Erfolgskraft,

die Aufmerksamkeit und das Fassungsvermögen, dadurch wiederum die Leistungskraft, Beharrlichkeit und Ausdauer; es wird mehr, eifriger, schneller und wertbetonter gearbeitet und Besseres geleistet,

das Gedächtnis, das in dem Maße an Stärke zunimmt, als die frühere Zerstreutheit und Gedankenflucht schwindet,

die Lebensfreude, weil man sich selbst mit allen Kräften wachsen fühlt, immer gesunder, frischer, fröhlicher und lebenssprühender wird und den Menschen gegenüber zugleich aufgeschlossener und unbefangener, freier und bejahender. Der Alltag wird durchsonnt, der Mensch erkennt sich als innere Einheit und als den Schöpfer seiner Welt, bis er sich am Ende als Lebensmeister erweist und bewährt.

PRAXIS DER KONZENTRATION

> *„Das Geheimnis allen geistigen Schaffens ist die Sammlung, die Konzentration. Nur wer sich in stillen Stunden seiner Arbeit in den Stoff mit vollkommener Hingabe versenkt, kann Eigenes sehen, Schöpferisches leisten. Solche köstliche Frucht geistiger Arbeit muß aber lange und im Stillen reifen."*
>
> Othmar Spann,
> Haupttheorien der Volkswirtschaftslehre

„Es ist besser, *eines ganz* zu wissen und ordentlich zu können, als vielerlei halb und unzureichend." Was der vorchristliche griechische Dichter Menander vom Wissen und Können sagt, gilt gleichermaßen vom Denken, Wollen und Tun. Wer schöpferisch denken und Positives leisten will, muß gesammelt sein. Wer es nicht ist, muß es lernen.

Für die Praxis, für die *Übung der Konzentration*, ist vorweg folgendes zu merken:

Es ist, namentlich für Anfänger, zu empfehlen, Konzentrationsübungen täglich zu den gleichen Zeiten und am gleichen Ort, in einer ruhigen Umgebung vorzunehmen, in der äußere Eindrücke und Störungen weitgehend abgeschaltet werden können. Das Üben zu bestimmten Zeiten schafft einen äußeren Rhythmus, der den inneren verstärkt.

Die günstigste Zeit für die Sammlung ist im Anfang *morgens* nach dem Aufwachen, weil man dann ausgeruht und mit der spirituellen Kraft geladen ist, die man während der Nachtruhe gesammelt hat, und weil man sich dann am leichtesten in den Sonnen- und Tagesrhythmus einschaltet, sich mit der steigenden Kraft der Sonne verbindet. Wer schon Konzentrationsübungen bei Sonnenaufgang vorgenommen hat, weiß, daß die dabei bewußt eingeatmete Kraft der Sonne den ganzen Tag hindurch belebend weiterwirkt.

Zeit zu solcher Übung hat jeder, da die dafür aufgewendeten Minuten Kraft geben, die täglichen Aufgaben mit erhöhter Energie und Zielstrebigkeit zu erfüllen, also Zeit gewinnen helfen. Konzentrationsübungen dauern anfangs nur wenige Minuten; ihre Länge und ihr Gewinn wächst mit der Gewöhnung.

Jede Konzentrationsübung ist praktisch eine Abblendung und Abwendung von der Außenwelt und ihren Sensationen und eine Hinwendung nach innen. Sie beginnt mit der *Entspannung.*

Gerade in der heutigen Zeit fortschreitender Technisierung und Lebenshetze haben sich die Faktoren der *Spannung,* des „Stress", und die seelischen Belastungen vervielfacht, die wiederum auf die Körperfunktionen mannigfach störend und hemmend zurückwirken. Der Mensch von heute ist weithin verkrampft, angstbesessen und körperlich anfällig, weil er verlernt hat, regelmäßig abzuschalten, sich zu entspannen und auf das Wesentliche zu sammeln. Er ist dekonzentriert und dezentriert, d. h. von seiner Wesensmitte, seinem „inneren Halt", abgekommen, haltlos geworden, aus dem Gleichgewicht geraten, mit sich selber uneins.

Gegen diesen Verlust der Mitte helfen keine Entspannungs- und Beruhigungs-Tabletten, keine Schmerz- und Glückspillen, da sie im Endergebnis nur betäuben und den Menschen schwächer, anfälliger und unglücklicher machen. Hier hilft allein die Gewöhnung an Konzentration, die zur Wiedergewinnung des inneren Gleichgewichts und Gleichmuts führt. So erklärt es sich, daß Entspannungsübungen sich bei Kreislaufstörungen, hohem Blutdruck und anderen Folgen ständiger Spannung und Überspannung bestens bewähren.

ENTSPANNUNG

Was heißt „entspannen“?

Es bedeutet, daß wir körperlich, seelisch und geistig von allem, was uns spannt, beunruhigt, erregt, hemmt, fesselt, einengt, loslösen, es bewußt abklingen lassen, uns ihm entziehen.

Es bedeutet nicht, daß wir aus einer Über-Spannung und Verkrampfung durch nervlichen Kurzschluß in negative Anspannung, Abgespanntheit und Erschöpfung abgleiten, sondern vielmehr, daß wir uns von der Spannung wie von etwas, was nicht wesentlich zu uns gehört, lösen, sie von uns abfallen lassen, um durch Ent-Spannung zu schöpferischer Neuspannung, Kräfteneubildung und positiver Hochleistung zu gelangen.

Ob einer zu solcher *Ent*spannung fähig ist, kann man daran ablesen, wie weit er dazu neigt, immer etwas vorhaben zu müssen, immer von etwas erfüllt zu sein, ständig Betrieb, Unterhaltung, Zerstreuung, Abwechslung zu haben, um nicht der inneren Leere und Einsamkeit bewußt zu werden, die ihn in der Abspannung wie ein Tier anfällt und erschreckt.

Im Gegensatz zum triebhaften und getriebenen Alltagsmenschen sucht der zur Konzentration Fähige und Bereite die Entspannung in Einsamkeit und Stille, weil er sich in sich selbst gegründet weiß und in der Loslösung vom *Äußeren* für das *innere Leben* wach, ansprechbar und damit schöpferisch wird. Im Einsamsein ist er auf das Eine gesammelt, das Wesentliche, und Empfänger der Kraft aus der Stille.

Ohne Entspannung keine Empfänglichkeit für die wirklichen Werte und Wahrheiten des Lebens und für die Kräfte und Inspirationen des Innern. Solche Entspannung – als Unbewegtheit nicht nur des Körpers, sondern auch des Gemüts – bedeutet nicht Trübung des Bewußtseins, Entsinken in einen Zustand der Halb- oder Kaumbewußtheit, wie es bei Anwendung von Rausch- und Räuchermitteln, hypnotischen und magischen Experimenten der Fall ist; es ist vielmehr ein Wachwerden für jenes umfassendere Überbewußtsein, das als Quellgrund aller Kraft und Geistesgegenwart, Tauglichkeit und Tüchtigkeit erfahren wird.

Zur Verdeutlichung des Vorgangs der Entspannung werden seine einzelnen Phasen, die in Wirklichkeit unmittelbar ineinander übergehen, hier kurz isoliert betrachtet.

ENTSPANNUNGS-STUFEN

1. Ort der Entspannung kann ein ruhiges Zimmer sein, in das man sich zurückzieht und notfalls einschließt, um nicht gestört zu werden, oder ein einsames Plätzchen im Walde, am Fuße eines Baumes, wo die Stille der Natur den Zugang zur Stille der inneren Welt erleichtert.

2. Das Nächste ist die Herbeiführung *körperlicher Ruhe*, also die Einstellung jeder willkürlichen und unwillkürlichen Körperbewegung. Sie kann im Sitzen oder Liegen erfolgen, wobei darauf zu achten ist, daß der Stuhl oder die Liege, der Teppich oder die Decke, die man benutzt, nirgends drücken, und daß beengende Kleidungsstücke gelockert oder abgelegt werden.

Neigt man bei der Entspannung zum Einschlafen, ist der *Sitz* vorzuziehen, wobei man beachte, daß man nicht krumm sitzt, sondern gerade und aufrecht, daß die Füße entspannt auf dem Boden ruhen und die Hände auf den Knieen liegen. — Auch der Schneider-Sitz auf einem Bodenteppich mit locker auf den Knieen ruhenden Händen ermöglicht eine gute Entspannung.

3. Die *Körperentspannung* vollzieht sich bewußt, langsam und rhythmisch bei Sammlung der Gedanken auf die Entspannung der einzelnen Körperpartien.

Sie beginnt mit der Entspannung der Bewegungsmuskeln, wobei sich das Gefühl der Gliederschwere einstellt. Am besten übt man das eine Weile für sich in der Form der „Großen Entspannung" (wie in „Der geheimnisvolle Helfer in Dir" dargelegt), also beginnend mit der Entspannung des rechten Arms unter gedanklicher Bejahung: ‚Der rechte Arm ist *schwer*'. Das wird zunächst für sich allein geübt, bis es gelingt und durch den Gegenbefehl: ‚Der Arm ist leicht', durch Strecken und Beugen des Arms wieder aufgehoben werden kann. Darauf folgt die gleiche Schwereübung beim linken Arm, dann bei den Beinen.

Hieran schließt sich in gleicher Weise die Herbeiführung des *Wärmegefühls* mit der Bejahung: ‚Die Arme sind schwer, der rechte Arm ist ganz warm', und entsprechend bei den Beinen. Darauf folgt die Beruhigung des Herzens mit der Bejahung: ‚Das Herz ist ruhig, es schlägt ruhig und kräftig', dann die Sammlung auf den Atem mit der Bejahung: ‚Mein Atem geht ruhig und tief aus und ein'. Weiter die Entspannung des Unterleibs mit der Bejahung: ‚Das Sonnengeflecht ist strahlend warm' und die bewußte Ausstrahlung dieser Wärme auf den ganzen Körper. Schließlich wird der Kopf entspannt durch Sammlung auf die Bejahung: ‚Die Stirn ist *kühl*'.

Ist all dies im einzelnen erreicht, wird es als Ganzes geübt unter Wiederholung der einzelnen Bejahungen und jedesmal durch das Öffnen der Augen, das Recken und Strecken des ganzen Körpers und einige tiefe Atemzüge abgeschlossen. Die Übung sollte solange fortgesetzt werden, bis die Entspannung durch Gewöhnung zu einem psychischen Automatismus geworden ist, der auf den entsprechenden Gedankenimpuls hin von selbst abläuft.

Für den Erfolg entscheidend sind immer die begleitenden und leitenden Gedanken und Gefühle. Wo die Bejahung: ‚Der rechte Arm ist schwer' nicht gleich gelingt, kann man die Bejahung wie folgt etwas ausbauen:

„Ich ziehe alle Kraft aus den Muskeln des rechten Arms. Sie werden schlaff, ganz schlaff. Der Arm ist kraftlos und

schwer. Ich fühle ihn nicht mehr; er ist völlig erschlafft und entspannt."

Im Endergebnis muß die Entspannung den ganzen Körper umfassen, also auch zur Folge haben, daß, wenn bestimmte Muskeln und Muskelgruppen häufiger stärker gespannt werden, z. B. die Gesichtsmuskeln, diese ebenfalls von der Entspannung erfaßt werden. Wenn wir etwa gewohnheitsmäßig die Lippen zusammenpressen, können wir die Entspannung dadurch fördern, daß wir den Mund leicht öffnen, dabei lächeln und bejahen und fühlen, wie die Gesichtszüge sich spürbar lockern und entspannen.

Praktisch vollzieht sich die Gesamtentspannung des Körpers in wenigen Augenblicken, wobei man fühlt, wie der Körper gleich einem Ballon zusammensinkt, aus dem die Luft entlassen wird, oder das Gefühl der Leblosigkeit und Nichtzugehörigkeit des entspannten Körpers hat.

4. Hand in Hand mit der Körperentspannung geht die *Ruhigstellung der Sinne:* Die *Augen,* die am leichtesten abschweifen und ablenken, sind geschlossen. Weiter achte man darauf, daß die Augenlider in die Entspannung mit einbezogen werden, und zwar, wenn sie trotz Schließung der Augen weiterzucken, mit der Bejahung:

„Meine Augenlider sind entspannt und schlaff, ganz schlaff. Sie sind müde und hängen schlaff herunter."

Wer besonders gut *hört* und geräuschempfindlich ist, kann anfangs die Ohren durch Antiphone verschließen, um Ablenkungen von dieser Seite her auszuschalten.

Weiter sorge man im Konzentrationsraum für reine, frische Luft, jedoch ohne Durchzug, um Störungen durch den *Geruchssinn* zu vermeiden.

Bemerkt man, daß die *Zunge* sich noch bewegt oder durch Speichelabsonderung Schluckbewegungen ausgelöst werden, sorge man auch hier für Ruhigstellung mit Hilfe der Bejahung:

„Meine Zunge ist entspannt. Sie ist müde und fühlt und schmeckt nichts mehr. Sie liegt still und unbewegt im Munde."

5. Wichtiger als die äußere ist die *innere Entspannung:* die Ruhigstellung der Gedanken und des Gemüts, die willige Loslösung von allen neben dem Konzentrationsziel liegenden Vorstellungen und Empfindungen, von Gefühlen der Spannung und Anstrengung, der Furcht oder Sorge, der Terminhetze und Unrast. Wer es fertig bringt, sich bei der Nachinnenwendung wie eine Schnecke, die sich ganz in ihr Häuschen zurückgezogen hat, oder gar wie ein Toter von allem Äußeren und Vergänglichen frei und ledig zu fühlen, der bekommt eine Ahnung von dem, was positive Entspannung bedeutet.

Der Lärm der Gedanken klingt dann ab wie ein Ton, der immer schwächer wird und schließlich verhallt ... Man fühlt, wie der Gedankenstrom versiegt und versickert, oder wie die Oberfläche des vorher wild bewegten Gedankenmeeres sich beruhigt und glättet wie ein Spiegel ...

6. Wesentlich gefördert wird die Entspannung durch die Hinwendung des Denkens und Fühlens auf den *Atemrhythmus.*

Zuerst atmen wir dabei bewußt, unter Hinlenkung der Gedanken auf den Aus- und Einstrom des Atems. Im weiteren beginnt ‚Es' in uns zu atmen, und schließlich ist es der Geist, der durch uns atmet.

Die Hinwendung auf langsames, rhythmisches, tiefes Atmen harmonisiert den leibseelischen Organismus und erleichtert die Sammlung. Sie bringt uns zudem in Harmonie mit dem Rhythmus kosmischer Kräfteströmungen.

Wichtig ist, daß wir *bewußt* atmen, also beim *Ausatmen* in Gedanken alle negativen Empfindungen und Spannungen hinaus-atmen mit der Bejahung: ‚Ich atme mich frei! Ich atme alle Spannungen hinaus!' – und beim *Einatmen* bewußt den Sauerstoff und Lebensstoff der Luft in uns hineinsaugen und fühlen, wie er die Lungen und den ganzen Körper durchströmt, erfrischt, belebt und kräftigt – etwa mit der Bejahung:

„Ich atme Lebenskraft ein, die meinen ganzen Körper durchflutet und mich frisch, gesund und stark macht!“

An sich ist das bewußte Atmen nur ein Teil der Entspannung; aber es ist gut, wenn es ebenfalls eine Weile geübt wird, bis das bewußte Ausatmen aller Spannungen und Hemmungen und Einatmen von Kraft und Leben zur Gewohnheit geworden ist. Ausführliche Anleitungen hierzu sind in „Kraft durch Atmen“*) gegeben, so daß hier auf Wiedergabe von Atemübungen verzichtet werden kann.

EINKEHR IN DIE STILLE

Auf dem Wege nach innen führt die Brücke der Entspannung uns über den Strom der Zeitlichkeit und Vielheit in das Reich der *Stille,* Zeitlosigkeit und Einheit – das Quell-Land der Kraft und Inspiration.

Viele der Großen der Menschheit waren zeitweise, auf den Höhepunkten ihres schöpferischen Wirkens, mehr oder minder bewußte Bewohner des inneren Reiches der Stille. Sie waren ganz in sich gesammelt, einsam und eins. Sie schätzten die Einsamkeit als die Geburtsstätte großer Gedanken, die nur in der Stille wahrnehmbar werden.

In der Tat wird das Innere um so wacher und beredter, je mehr das Äußere schweigt. Die Stille ist die Stätte inniger Berührung des Menschen mit der Geistigen Welt, in der er ‚Kraft trinkt aus ewigen Quellen‘.

Stiller werden ist zunächst eine rein äußerliche Forderung an den, der Meister der Konzentration werden will. Es bedeutet: weniger reden, auch im täglichen Leben und Zu-

---

*) KRAFT DURCH ATMEN. Einführung in die Praxis bewußten Vollatmens. Von K. O. Schmidt. 3. Aufl. Baum-Verlag, Pfullingen/Württ.

sammensein mit anderen Menschen Kraft sammeln durch Schweigen. Unnötige Worte töten Taten, weshalb der konzentrierte Mensch ein Wortesparer ist und möglichst erst redet, wenn ein Werk vollendet, ein Ziel erreicht ist. Er weiß um die Magie des Worts und spricht nur, was positiv und wesentlich, zielgerichtet und dynamisch ist.

Wer zum Vielreden neigt, sollte sich häufiger morgens beim Aufwachen besinnen und bejahen:

„Ich werde heute kein unnützes Wort reden. Jedes Wort, das ich, weil unnötig, unausgesprochen lasse, mehrt meine Kraft. Ich erhöhe meine Lebensüberlegenheit bewußt durch Schweigen!"

Je weniger einer redet, desto größer wird seine magnetische Kraft; und diese Kraft kann jeder in sich speichern, der seine Redelust reduziert. Er spürt dann bald, daß das Schweigen, wie Maeterlink sagt, „das Element ist, in dem sich die großen Dinge bilden, um zuletzt vollkommen und majestätisch emporzutauchen in das Reich des Lichts, das sie beherrschen sollen."

Wer gelernt hat, *stiller zu werden*, kann mit Erfolg den nächsten Schritt tun zum *Stillesein*.

Stillesein heißt: schweigend sich in sein Inneres versenken, Kräfte aus dem Innenreich der Stille schöpfen und um diese Kraft reicher werden. Jede Übung der Stille macht den Menschen gradweise wacher, selbstbeherrschter, ausdauernder, schöpferischer und leistungsfähiger, also konzentrierter. Ein an die Stille gewöhnter Mensch ist durchweg wohlgestimmt, ausgeglichener und darum fähiger, alles, was kommt, durch Gelassenheit und Bejahung zu meistern.

Stillesein heißt: bei sich selber einkehren, zu sich selbst, seinem wahren Selbst, seinem Wesensmittelpunkt heimkehren und ganz bei sich sein. In der Stille ist unser Wesen zunächst von dem Sehnen und schließlich von dem beglückenden Gewißsein durchflutet, eins zu sein mit dem Quell allen Lebens im Innern. Dieses Einssein wird erfahren als Erfülltsein von einer Ruhe und einem Frieden, in dem alle Disharmonien sich lösen, alle Probleme sich klären, alle Mißgefühle und Ängste dem Bewußtsein der inneren Kraft und Überlegenheit weichen.

Um dieser ruhenden Kraft des Innern, dieser latenten Energie des Geistes, die unerschöpflich ist, jederzeit voll teilhaftig zu werden, müssen wir zuvor selbst zur Ruhe kommen, sozusagen zum Flußbett der Ruhe werden, durch das die schweigende Kraft des Innern strömen und sich werteschaffend auswirken kann. Der Mystiker verdeutlicht das am Beispiel der Biene:

„Solange die Biene surrend und summend außerhalb der Blüte hin- und herschwirrt, hat sie den Honig noch nicht erreicht. Wenn sie sich aber auf der Blüte niederläßt und den Honig trinkt, ist sie ganz Stille."

So muß unser Gemüt zu einer Heimstatt der Stille geworden sein, wenn wir den Nektar der Göttlichen Weisheit trinken, des inneren Rats teilhaftig, für Trost und Gewißheit von innen empfänglich und wach werden wollen. Eben dies meint das Psalm-Wort: „Sei stille dem Herrn und warte auf ihn": wende Dich immer weiter nach innen bis zum gottnahen Mittelpunkt Deines Wesens. „Sei stille und erkenne, daß ich, Gott, bin!"

Darauf zielt auch die Mahnung des Jesaias: „Wenn ihr stille bliebet, so würde euch geholfen ... durch Stillesein und Hoffen würdet ihr stark."

Echte Stille ist Einssein mit dem inneren Lebensreich des Friedens und der Kraft, das wir alle in uns tragen. Solange wir nicht innerlich still zu werden lernen, können wir endlos Ferien machen, ohne wirklich zur Ruhe zu finden. Wenn wir hingegen der inneren Stille teilhaftig werden, können wir uns jederzeit auch außerhalb der Ferien erholen und neue Kräfte gewinnen, um gesund, leistungsstark und dynamisch zu bleiben.

Je williger wir uns der äußeren Welt entziehen, desto tiefer entsinken wir in die innere Welt und desto inniger haben wir teil an ihrem kraftspendenden Frieden. Denn diese Stille ist nichts Passives, sondern ungeheuer aktiv, positiv und dynamisch, wie wir spüren, wenn wir etwa mit der folgenden oder einer ähnlichen Bejahung in sie eintreten:

„Alle Störungen und Erregungen der Außenwelt sind abgeklungen und entschwunden. Sie erreichen mich nicht mehr. Ich bin ganz dem inneren Leben verbunden, bin eins mit den Kräften der Harmonie, die die Innenwelt stetig durchströmen. Ich fühle mich von diesen Kräften durchflutet und erfüllt, wohlig durchwärmt und im gleichen Maße entspannt, ruhig und gelassen. Ich bin ganz Stille. Alles in mir ist ruhig, still, unendlicher Friede. Ich bin still."

KRAFT DURCH SCHWEIGEN

Ein Dichter, Waldemar *Bonsels,* nannte die *Stille* „das erste Wahrzeichen der inneren Freiheit und Überlegenheit, deren letztes das *Schweigen* ist. Alles Vergängliche lärmt. Alle Flucht in den Lärm hat Angst zur Ursache, Angst vor dem Allein- und Stillesein, und jeder Weg zu uns selbst führt über Stille und Schweigen".

Wahres Schweigen ist weitab von tatenlosem Dahindämmern in Träumereien. Es ist schöpferische Vorbereitung der *Sammlung* und Konzentration. Diesem Ziel entsprechend gibt es zwei Arten von Schweigen: *Aktives Schweigen,* dem die Sammlung und Konzentration auf bestimmte Bejahungen folgt, und *wartendes Schweigen,* in dem die innere Stimme, die Stimme der Stille, zu uns spricht, die *Emerson* meint, wenn er sagt: *„Laßt uns schweigen, damit wir das Flüstern der Götter hören mögen."*

Solch Schweigen entsteht, wenn alles in uns wartende lauschende Stille geworden ist und gelassene Hingabe des Ich an die Kraft von oben oder an den ‚inneren Helfer', dem wir die Führung übergeben mit der Bejahung:

„Ich bin eins mit dem kosmischen Strom allen Lebens und Seins, mit dem Geist des Alls, den ich in mir weiß als meinen inneren Helfer.

Seine Kraft erfüllt mich, sein Wille ist der meine, seine Weisheit erleuchtet mich. Ich bin mit seinem Willen und Wesen eins und Träger seiner schöpferischen Kraft. Ich bin!"

Es gilt, in diesem Gedanken zu schwingen, in ihm und durch ihn zu leuchten, ganz aus dieser Gewißheit zu leben. Allmählich kehrt man dann aus der Stille zurück und trägt das Licht der Gewißheit mit hinaus in den Alltag. Und dann gilt es, den neuen Menschen, der in einem erwachte, behutsam zu pflegen und zu hüten. Darum verbinden wir uns auf diese Weise nicht nur einmal mit dem inneren Helfer und dem inneren Leben, sondern immer wieder, so oft wir können.

Dann lernen wir in der Einsamkeit des Schweigens uns selbst kennen und des Einsseins unseres Selbst mit dem Allselbst der Gottheit bewußt und gewiß zu werden. Dies meinte Thomas von Kempen:

„Im Schweigen der Einsamkeit und Abgeschiedenheit lernt die Seele die verborgensten Winkel ihrer selbst und die Geheimnisse Gottes kennen. Sie schreitet alsdann auf dem Wege nach innen immer rascher voran."

Mehr und mehr fühlt sie sich eins mit dem Atem des Alls und spürt dessen Rhythmus und belebende Kraft wie aus einer neu aufgebrochenen Quelle in sich aufsteigen. –

Wenn man diese Stufe erreicht hat, kann man die *Sorge*, die einen bewegt, mit in die Stille hineinnehmen, im Mittelpunkt des Bewußtseinsblickfeldes festhalten und im Gewißsein des Einsseins mit der göttlichen Allkraft gläubig bejahen:

„O Du göttliche Kraft in mir, ich neige mich vor Dir. Gib, daß meine Sorgen in Harmonie sich lösen und alles sich zum

Besten wendet! Erfülle mich mit Deinem Licht und wirke, daß Klarheit und Vertrauen auf Deine Stärke und Hilfe mich durchfluten!

Gib mir die Kraft und den Mut, meine Arbeit zu vollbringen, meine Aufgabe recht zu lösen. Erfülle und erquicke mich mit Deiner Stärke, Deinem Wollen, Deinem ewig leuchtenden Licht! Ich bin eins mit Dir und Deiner Kraft!"

Danach kehrt man langsam aus der Stille zurück, geht wieder in den rhythmischen Atem über und schaltet sich in den Tagesablauf ein, wobei man die gewonnene Kraft in die Arbeit hineinströmen läßt.

GEHEIMNIS DER SAMMLUNG

Mit dem zuletzt Gesagten haben wir bereits den nächsten Schritt vorweggenommen, nämlich den Übergang in die eigentliche *Konzentration,* die, wenn man durch das Schweigen die Grundlage geschaffen hat, dem Leitgedanken der Konzentration, der sog. *Konzentrationsformel* oder *Bejahung,* die gewünschte Zielstrebigkeit verleiht.

Um das zu erreichen, ist Übung der Konzentration unerläßlich. Die positiven Schwingungen, die beim ersten Konzentrationsversuch geschaffen wurden, mögen noch keine große Kraft besitzen; aber schon beim zweiten gelungenen Versuch erwachen zusätzliche, bisher latente Energien, die vom Sog des Gedankenstroms aktiviert und mitgerissen werden. Bei den weiteren Übungen werden die positiven Schwingungen immer stärker in der inneren Welt widerhallen und sich gleichgerichteten Tendenzen vereinen. Das aber bedeutet bereits spürbares Wachstum der Kraft und Zielstrebigkeit.

Das ist der Sinn der *Sammlung:*

Der in das Blickfeld des Bewußtseins gerückte *Gedanke* — sei es ein Ideal oder ein Wunsch, eine Zielsetzung oder ein Problem — zieht, durch die Konzentration darauf festgehalten und aktiviert, ihm gleiche und verwandte Kräfte im Unbewußten an, sammelt und vereinigt sie zu einem Komplex. Es ist, als ob die herbeigezogenen Gedanken- und Gefühlspotenzen an ihm kristallisierten, so daß der primäre Gedanke gleich einem Kristall allseitig wächst, größer und wirkstärker wird:

er beginnt zu strahlen und nach und nach gegenteilige Gedanken zu überstrahlen und entweder abzustoßen oder sich gleichzurichten, bis er, als Ergebnis wiederholter Konzentration, zu einer beherrschenden Macht im Unterbewußtsein wird und nun von dort aus alle Funktionen in Leib und Seele und alle Strömungen und Tendenzen in der Umwelt in seinem Sinne zu beeinflussen beginnt.

Dieses Wachstum, Stark- und Strahlendwerden positiver, aufbauender Gedanken planmäßig zu fördern, ist Ziel der Konzentration.

Ein Merkmal der Konzentration besteht darin, daß wir, wie ein Arzt jeweils nur *einen* Patienten aus dem Warte- ins Sprechzimmer ruft, die Gedanken aus dem Wartezimmer des Unterbewußtseins *nacheinander* ins Sprechzimmer des Bewußtseins rufen, uns ausschließlich mit dem jeweiligen *einen* Gedanken befassen und erst, wenn dieser behandelt ist, den nächsten hereinlassen.

Nicht zwei und mehr Dinge gleichzeitig zu tun und zu bedenken, wie es die Art des dekonzentrierten Menschen ist, sondern jeweils nur *eines* zur Zeit und dieses *ganz*, ist das Kennzeichen schöpferischen Kraftdenkens. Sowie wir auf einen Gedanken gesammelt bleiben, erschließen sich uns während der dynamischen Hinwendung auf ihn von selbst Einsichten und Informationen, die mit diesem Gedanken zusammenhängen, und ebenso wachsen uns während der Sammlung Kräfte zu, die der Verwirklichung dieses Gedankens dienen.

Wenn wir während der Sammlung *Fragen* stellen, dann geht uns auf, daß jede Frage bereits die Hülle einer Antwort ist, d. h., daß die Antwort als Kern schon in ihr steckt und uns beim gesammelten Hinblicken bewußt wird, wie uns ja auch ein krampfhaft gesuchtes Wort von selbst einfällt, sowie wir von Spannung auf Entspannung umschalten. Das Wort lag bereit – und ebenso liegt alles Wissen und alle Weisheit *in uns* – im Unterbewußtsein, kollektiven Unbewußten und Überbewußtsein – bereit und wird uns in der Sammlung bewußt.

Das Geheimnis der Sammlung liegt in der Bewußtheit, die Bewußtseinsweitung ist, in ihrer positiven Tendenz und ihrer inneren Dynamik. Hinzu kommt, daß, wer gesammelt ist, im gleichen Maße für störende Fremdeinflüsse immun, unerreichbar wird.

MEISTERUNG DES UNBEWUSSTEN

Die Konzentration ermöglicht es uns, vom diskursiven Denken auf Kraftdenken umzuschalten, von der bloßen Erwägung eines Gedankens und der Betrachtung des Gedankenstroms zu seiner Lenkung und Dynamisierung.

Es ist aber auch reizvoll, während der Sammlung den Gedankenstrom gewissermaßen bloß zuschauend zu verfolgen und zu beobachten, wie Einzelgedanken und Gedankengruppen gleich Wirbeln im Strom nach oben schießen, um bemerkt zu werden, aber im nächsten Augenblick schon von anderen abgelöst werden, die lose mit ihnen zusammenhingen oder mehr zufällig auftauchen, und wie sich so der Gesamtstrom der Gedanken mehr oder minder willkürlich durch das Blickfeld des Bewußtseins wälzt. Willkürlich natürlich nur für den oberflächlich Betrachtenden; in Wirklichkeit liegen auch den kleinsten Bewegungen innere Gesetzmäßigkeiten zugrunde.

Bei diesem Beobachten wird einem etwas Eigenartiges bewußt:

Sowie die Aufmerksamkeit ganz auf den Strom selbst gerichtet wird, verlangsamt sich scheinbar dessen Bewegung: der Gedankenablauf vollzieht sich ruhiger, gemessener, und zwar um so eher, je unbeteiligter man ihm zuschaut. Wenn eine gewisse Beruhigung eingetreten ist, ist das Festhalten eines einzelnen Gedankenganges und die Umschaltung auf ihn leicht geworden, weil nun kein Widerstand zu überwinden ist.

Ansonsten aber steht, wer dies erstmals versucht hat, staunend vor der Breite und Tiefe des Gedankenstromes, von dem ja nur ein Bruchteil vom Blickfeld des Bewußtseins erfaßt und erhellt wird. Der größere Teil strömt im Dunkel des *Unbewußten* dahin und empfängt seine Zuflüsse aus den größeren Tiefen des Kollektiven Unbewußten und des Überbewußtseins.

Doch ist hier nicht auf die verschiedenen Wesensschichten des Menschen einzugehen (das ist in der „Neuen Lebensschule", insbesondere auf deren Oberstufe ausführlich geschehen); es genügt das Wissen darum, daß unser Wachbewußtsein nur ein Siebentel unseres Gesamtbewußtseins umfaßt – vergleichbar dem kleinen Teil eines schwimmenden Eisbergs, der über die Wasseroberfläche emporragt ...

Wir leben zu einem Großteil aus dem Unbewußten. Das Wissen darum und um die Macht der unterbewußten Strömungen auf das Denken, Fühlen, Verhalten und Tun des Menschen ist keineswegs neuesten Datums. Schon bei *Leibniz* (1664–1716) finden wir erste Anfänge einer Lehre vom Unbewußten in seiner Monadologie. Er nennt die unbewußten Vorstellungen „petites perceptions" – „kleine Vorstellungen, die den Willen geneigt machen, ohne ihn zu nötigen". Sie bilden „jenes unsagbare Etwas, die Empfindungsweisen, die im Ganzen klar, im Einzelnen verworren sind". Er nannte das Unbewußte „das Band, das jedes Wesen mit dem ganzen übrigen Universum verbindet" – eine Vorwegnahme des Jung'schen Begriffs des ‚Kollektiven Unbewußten'.

Fichte (1762–1814) sprach vom Trieb zur Sittlichkeit, der

aus dem Unbewußten kommt. *Schelling* (1775–1854) nennt das ‚ewig Unbewußte' das, was „gleichsam der ewigen Sonne im Reich der Geister durch sein eigenes ungetrübtes Licht sich verbirgt und, obgleich es nie Objekt wird, doch allen freien Handlungen seine Identität aufdrückt." – Auch er sagt (ähnlich wie Leibniz), das Unbewußte sei „zugleich *dasselbe* für *alle* Intelligenzen, die unsichtbare Wurzel, wovon die Intelligenzen die Potenzen sind", es sei „das ewig Vermittelnde des sich selbst bestimmenden Subjektiven in uns und des Objektiven (außer uns), zugleich der Grund der Gesetzmäßigkeit in der Freiheit und der Freiheit in der Gesetzmäßigkeit."

Oken (1779–1851) befaßte sich in seinen „Ahndungen einer allgemeinen Geschichte des Lebens" bereits mit den „unbewußten Grundlagen der psychischen Störungen". Und *Herbarth* (1776–1841), Kants Nachfolger auf dem Königsberger philosophischen Lehrstuhl, schuf den Begriff der ‚Bewußtseinsschwelle', unterhalb deren sich das Reich des Unbewußten dehnt.

Schopenhauer (1788–1860) sprach von der Evolution aus dem Unbewußten zum Bewußten, vom blinden Willen zum vernünftigen Bewußtsein. Sein Schüler Eduard von *Hartmann* (1842–1906) verlegte in seiner 1869 erschienenen „Philosophie des Unbewußten" (12. Aufl. 1923 in 3 Bänden) nicht nur den Willen, sondern auch die Anfänge der Vorstellungen ins Unbewußte.

Hierauf aufbauend kam dann Siegmund *Freud* (1856 bis 1939) zu seiner Psychoanalyse, gefolgt von Alfred *Adler* (1870–1937) mit seiner umfassenderen Individual-Psychologie und C. G. *Jung* (1875–1961) mit seiner tiefschürfenden analytischen Psychologie und seiner Lehre vom ‚Kollektiven Unbewußten', aus dem heraus sich alle individuelle Geistigkeit entwickelt hat. Das ‚Unbewußte' wird bei ihm zur ‚Anima', zur inneren Persönlichkeit.

Ganz der Erziehung des Unbewußten im Dienste der Gesunderhaltung und Lebensmeisterung widmet sich heute die dynamische Psychologie Neugeists, die mit ihren Methoden der Entspannung und Seelenerschließung, der Konzentration und Meditation bewußt auf die Harmonie und Einheit von Innen und Außen, von Unbewußtem und Bewußtsein hinsteuert und die Tiefenkräfte der Seele in den Dienst sinnerfüllter Lebensführung stellt. Sie macht, im Letzten, den Weg sichtbar, der über die innere Einheit zur All-Einheit, zur Harmonie mit dem Unendlichen hinaufführt.

Das erste und wichtigste Mittel erfolgreicher Meisterung des Unbewußten ist ihr die *Konzentration*. Natürlich bedeutet Meisterung des Unbewußten noch nicht, daß wir mit der eigentlichen Macht in uns, die hinter dem Unterbewußtsein als das Überbewußtsein steht, verbunden und eins sind. Dazu führen erst die weiteren Stufen der Meditation und Kontemplation. –

Einen wesentlichen und überaus erfolgreichen Vorläufer hatte die Konzentrationspraxis in der Methode der *‚bewußten Autosuggestion'* des französischen Psychologen Emile *Coué* (1857–1926), die heute in der psychotherapeutischen Praxis unter den verschiedensten Namen angewandt wird.

Coué hat gezeigt, daß der Mensch tiefer reicht, als er ahnt, und mehr vermag, als er denkt, wie auch, daß er besser sein kann, als er ist, und besser tun kann, was er tut, wenn er sich des Mittels der bewußten Autosuggestion bedient, die dem entspricht, was hier *Bejahung* genannt wird. Er demonstrierte tausendfach, wie sich mit Hilfe seiner beiden *Grundformeln* („Mit jedem Tage geht es mir in jeder Hinsicht immer besser und besser" und „Es geht vorüber ..." oder „Es geht weg, weg, weg ...") eine Vielzahl körperlicher und seelischer Unstimmigkeiten überwinden läßt und wie die Anwendung von *Spezialformeln* dazu dienen kann, Mängel und Krankheiten durch Aufhebung ihrer psychischen Komponente, ihres seelischen Unterbaus zu beseitigen oder besondere Ziele zu erreichen.

Auch der *Yoga*, soweit er lebenspraktische Ziele verfolgt, läuft auf die gleiche Technik hinaus, ist aber, weil für den mehr kontemplativen östlichen Menschen geschaffen, für den mehr aktiven Menschen des Westens zumeist ein schwieriger und umständlicher Umweg und zudem nicht ohne Gefahren. Zu diesen gehört die Abhängigkeit von einem Lehrer, die oft dazu führt, daß der Schüler den Weg des Lehrers geht und sich dabei von seinem *eigenen Wege* und seinem eigenen Selbst entfernt.

Manchen ergeht es hier wie Paul *Brunton*, der sich in Indien jahrelanger Yogaschulung unterzogen hatte und ohne wirkliches inneres Wachstum meditierte, bis ihm schließlich aufging, daß man nur auf dem *eigenen Wege* zu wirklichen Fortschritten und zur Selbstverwirklichung gelangt, wie es die neugeistige Psychodynamik lehrt, die den Menschen von vornherein auf seine eigenen Kräfte und Füße stellt und ihm hilft, sich selbst zu helfen, aus sich selbst stark und ein Meister seines Lebens zu werden.

KONZENTRATIONSFORMELN

Wie der Befehl eines Offiziers auf die ihm unterstellten Truppen, so wirkt der *Leitgedanke* der Konzentration auf die Gedankenströmungen im Unbewußten ordend, richtunggebend und tatbestimmend.

Diese Wirkung wächst mit der Gefühlbetontheit des Leitgedankens und der Beharrlichkeit der Konzentration.

Im Folgenden wird gezeigt, wie es gemacht wird, wobei, um die Praxis für Anfänger so leicht wie möglich zu machen, Beispiele erprobter Leitgedanken in Gestalt von *Konzentrationsformeln* oder *Bejahungen* gegeben werden, die man jedoch nicht gedankenlos nachahme, sondern möglichst den eigenen Bedürfnissen entsprechend abwandle.

Am wirksamsten sind diese Formeln, wenn man sie vor

allem abends kurz vorm Schlafengehen anwendet, weil sie dann die ganze Nacht hindurch im Unterbewußtsein weiterwirken, weiter morgens nach dem Aufwachen, weil da der Kontakt mit dem Unterbewußtsein noch lebendig ist, und im übrigen tagsüber jederzeit nach vorausgegangener Entspannung und Sammlung.

Wesentlich ist in jedem Falle und bei jeder Formel die klare Zielsetzung. Sowie die Entspannung erreicht, der Gedankenstrom zur Ruhe gekommen und das Gemüt still geworden ist, gilt es, den positiven Leitgedanken in das Blickfeld des Bewußtseins zu rücken, um die Aufmerksamkeit darauf zu sammeln und seine Verwirklichung beharrlich zu bejahen.

Wenn wir beispielsweise *bessere Gesundheit* wünschen, gilt es, zunächst alle Gedanken und Gefühle des Unpäßlich- oder Krankseins und des Zweifels an der Gesundung aus uns zu entlassen. Indem wir aufhören, uns mit ihnen zu befassen, nehmen wir ihnen im gleichen Maße die Kraft, uns zu belästigen und zu quälen. Sie lebten ja im wesentlichen von der gefühlsbetonten Aufmerksamkeit, die wir ihnen entgegenbrachten, und von der Angst, mit der wir sie fütterten und zu üppigem Wachstum brachten.

Danach werden wir frohstimmende, mutweckende Bilder des Gesundseins, der Kraft und der Leistung in das Blickfeld des Bewußtseins rücken und zum Gegenstand der Betrachtung und Sammlung machen. Wir werden das Gesundsein als den uns allein angemessenen natürlichen Zustand bejahen und unser ganzes Denken und Fühlen auf diese Wahrheit sammeln.

Und ebenso werden wir, nach der Konzentration, der neuen geistigen Haltung in unserem Verhalten, Reden und Tun Ausdruck geben, also auf die Frage nach unserem Ergehen bewußt bejahen: ‚Danke, es geht mir gut und mit jedem Tage besser!‘

Gleich bejahend verkehren wir mit unserem Unterbewußtsein, dem wir in der Stille immer wieder ebenso herzlich wie bestimmt versichern:

„Du kannst und wirst mir helfen und dafür sorgen, daß ich von Tag zu Tag gesunder und kräftiger werde und daß es mir auch sonst in jeder Hinsicht immer besser geht!“

Fortgeschrittene, die um das Dasein und Wirken eines *Inneren Helfers* wissen, werden die allgemeine Coué-Formel vielleicht wie folgt vertiefen:

„Dank meinem Inneren Helfer geht es mir mit jedem Tage in jeder Hinsicht immer besser und besser!“

oder geben sie dieser Gewißheit in religiöser Form allgemein Ausdruck:

„Mit Gottes Hilfe geht es mir mit jedem Tage in jeder Hinsicht immer besser und besser!“

Entscheidend ist, daß alle Konzentrationsformeln stets absolut *positiv* und von der lebendigen Dynamik der Bejahung erfüllt sind, also keine negativen Formulierungen enthalten, keine Verneinungen, die die Aufmerksamkeit nur erneut auf das zu Überwindende lenken.

Auch *Coué* erkannte, wie notwendig es ist, daß Kraftdenkformeln nicht *gegen* das zu *Beseitigende* – das durch jeden Widerstand nur verstärkt wird –, sondern auf das zu *Erreichende* gerichtet werden. Wenn wir uns auf den Gedanken sammeln: „Ich bin *nicht* unruhig“, so bedeutet das praktisch Kräftezersplitterung und Erhaltung der Unruhe, während die positive Formulierung: *„Ich bin ruhig und gelassen!“* dem Ausdruck gibt, was Wirklichkeit werden soll – und es dann auch wird.

Ihre höchste Wirkstärke erreichen Konzentrationsformeln, wenn die im weiteren gegebenen Beispiele nicht sklavisch übernommen, sondern vom Übenden auf seine eigene Weise ausgedrückt und in verschiedenen Variationen wiederholt werden.

Die wohltuenden Wirkungen der Konzentration werden dann bereits nach kurzer Zeit verspürt. Bei fortgesetzter

Übung werden sie immer tiefgreifender und nachhaltiger, bis sie schließlich von einer Übung zur nächsten reichen. Dann ist die Kette geschlossen und der Grund zu einer neuen positiven Denkgewohnheit gelegt, die sich auf das fernere Leben entsprechend segenbringend und fortschrittfördernd auswirkt.

HINDERNISSE BEI DER KONZENTRATION

„Wohlbehagen ermattet den Geist; Hindernisse erziehen, Schwierigkeiten kräftigen ihn."
Francesco Petrarca

Bei den ersten Konzentrationsübungen mögen sich einige Hindernisse und Schwierigkeiten einstellen, die jedoch bei einiger Aufmerksamkeit bald beseitigt sind.

Anfänger klagen zuweilen, daß sie keinen Fortschritt und Erfolg bei ihren Übungen feststellen, sondern eher eine *Zunahme der inneren Widerstände*. Das rührt zum Teil vom Falschmachen her: sie begleiten ihre Bemühungen mit Zweifeln und Sorgen, ob sie auch gelingen werden, und bleiben infolgedessen *gespannt*. Und wenn sie sich dann *anstrengen*, wird es noch schwieriger, weil sie nach dem ‚Gesetz des Gegenwillens' ihre positiven Kräfte blockieren und sich gegenüber den negativen Tendenzen wehrlos machen.

Der Erfolgreiche macht es umgekehrt: er stellt sich von vornherein richtig ein, sorgt sich nicht, ob und wann der Erfolg eintritt, weil er ihn als selbstverständlich bejaht. Infolgedessen bleibt er entspannt und gelangt zur Konzentration.

Konzentrationsschwäche oder -mangel, über den andere klagen, ist nicht nur eine zumeist erziehungsbedingte Erscheinung bei schlechten Schülern, die die Lern- und Leistungsfähigkeit hemmt; sie kommt heute zunehmend auch bei Erwachsenen vor – teils als Folge erhöhter Inanspruchnahme, die als Belastung empfunden wird, teils als Folge der allgemeinen *Zerstreuungssucht*. (Es gibt auch eine angeborene Konzentrationsschwäche, z. B. bei Psychopathen, die hier nicht zu behandeln ist.) Diese Zerstreuungssucht erfaßt, als Folge immer engerer Berührung mit den Massenmedien, heute schon die Kinder.

An Kindern durchgeführte größere Untersuchungsreihen, über die das „Handbuch" der Psychologie" (Bd. 3 S. 288 ff.,

2. Aufl. 1959) berichtet, ergaben, daß 33 Prozent der Kinder, die häufiger am Fernsehen teilnehmen, als unruhig anzusprechen sind. Diese Unruhe und Zerstreutheit nimmt zu, während die schulischen Leistungen abnehmen.

Bei Erwachsenen ist es weiter die Neigung zu oberflächlichem Lesen, zu unnützem Geschwätz und zu häufiger Zerstreuung. Manche setzen das Geschwätz sogar beim Alleinsein fort, indem sie sich mit tausenderlei Gedanken unterhalten, die sie unkontrolliert über das Blickfeld des Bewußtseins huschen lassen, mit meist negativen Erinnerungen, flüchtigen Tageseindrücken, Gelesenem, Gehörtem und Befürchtetem. Das ist die Vorstufe des halb- und unbewußten *Tagträumens*, das selbst bei der Arbeit fortgesetzt wird mit neben der Tätigkeit liegenden Wünschen und Sorgen, dem Ausmalen von Möglichkeiten, die eintreten könnten, oder von Plänen, deren Durchführung durch das Grübeln eher erschwert als erleichtert wird.

Sie sind eigentlich nur halb anwesend, die andere Hälfte ihres Wesens weilt im Wunsch- oder Wahnheim oder folgt Gedankenzugvögeln, ohne daß sie den Kräfteleerlauf dieses ‚inneren Fernsehens', des willkürlichen Ablaufs innerer Bilderfolgen wahrnehmen.

Hier sind Konzentrationsübungen doppelt nötig, damit jeder Gedanke klar, deutlich und bewußt im Blickfeld des Bewußtseins festgehalten wird und der Zielbesinnung und Zielerreichung dienende positive Arbeit leistet.

ÜBERWINDUNG VON ENTSPANNUNGSSTÖRUNGEN

Da man nun keineswegs alle Fehler selbst machen muß, sondern auch aus Fehlern anderer lernen kann, seien hier die häufigsten Entspannungsstörungen kurz behandelt, bei denen es durchweg gilt, negative Empfindungen weder zu bekämp-

fen noch zu unterdrücken, sondern die in ihnen aktiv gewordenen Energien durch entsprechende Bejahungen in positive Kanäle zu leiten.

Anleitungen zur rechten Anwendung solcher Bejahungen oder Konzentrationsformeln werden bei Behandlung der Konzentrationsübungen im Alltag gegeben.

1. Der häufigste Fall ist der, daß man nicht zur vollen Entspannung kommt, weil man sich nicht genügend *Zeit* ließ. Sowie Zeitnot und Terminsetzungen im Vordergrund des Interesses stehen, wird die restlose Abschaltung von der Umwelt und die Hingabe an die innere Gelöstheit und Ruhe verhindert. Hier gilt es, sich Zeit zu nehmen und zu bedenken, daß die in der Entspannung verbrachte Zeit dreifach wieder hereinkommt.

2. Störung durch plötzlich einfallende *Pflichten und Aufgaben.* Wenn nicht wichtig, schalte man auf positive Gedanken um, vor allem auf den Gewinn an Ruhe, der die Meisterung der Aufgaben erleichtert. Im anderen Falle löst das Niederschreiben der Einfälle die gleiche Wirkung aus; sie werden dann in die nächste Arbeitsplanung und -zielsetzung eingebaut. Bleibt die Störung trotzdem bestehen, dann wird das Übel beim Schopf gepackt und zuvor geklärt und erledigt.

3. Störung durch die *Außenwelt.* Anfänger lassen sich leicht durch Umweltgeräusche ablenken, die ihnen erst beim Entspannen bewußt werden, so daß die Aufmerksamkeit geteilt und die volle Entspannung verunmöglicht wird. Hier gilt es, für einen ruhigen Raum zu sorgen und die Abschaltung des Gehörs anfangs durch Benutzung von Watte oder Antiphonen zu erleichtern. – Später muß die Konzentration auch bei Lärm mühelos erzielt werden.

4. Wenn die Entspannung nur bis zu einem gewissen Punkt gelingt und z. B. das Wärme- und Schweregefühl ausbleibt, dann oft infolge *Ungeduld* und Erwartungsspannung. Man darf nicht gleich anfangs zu viel von sich verlangen, son-

dern versuche sich schrittweise in die Entspannung hineinzuleben, sich ihr willig zu überlassen, bis über das Wärme- und Schweregefühl hinaus die Tiefentspannung von selbst erfolgt.

5. Bei Störung durch den *Körper* gilt das früher Gesagte. Man achte auf bequemen Sitz oder druckfreie Lage. – Zuweilen gelingt es Anfängern nicht, sich das Warmwerden der Füße plastisch zu vergegenwärtigen, weil sie vielleicht an chronisch *kalten Füßen* leiden. Hier kann ein Wechselfußbad zu anschaulichen Vorstellungen des Warmwerdens führen, oder kann die Entspannung anfangs ein paarmal im warmem Vollbad geübt werden. Wenn das Wärmeerlebnis einmal erreicht ist, stellt es sich bei jeder Entspannungsübung leichter ein – um so rascher, wenn man das Warm-, Locker- und Schwerwerden durch willige Hingabe an entsprechend gefühlsbetonte Vorstellungen unterstützt.

6. Das beim Wärmeerlebnis zuweilen auftretende Gefühl des Strömens und *Prickelns* ist keine Störung, sondern Zeichen der Entspannung und stärkeren Durchblutung der Gewebe. Das gleiche Gefühl tritt beim Wechselfußbad ein, wenn die Füße aus dem eiskalten Wasser, das auf die Gefäße zusammenziehend wirkte, ins warme bzw. heiße Wasser kommen und die Gefäße sich weiten und stark durchblutet werden. – Auch andere Empfindungen, die durch die Entspannung und Gewebedurchblutung bedingt sind, sind normale Reaktionen, die von selbst abklingen und verschwinden, wenn sie nicht weiter beachtet werden.

7. Seelische Sensationen und Mißempfindungen können auftreten als Folge *ängstlicher Selbstbeobachtung* und gespannten Lauerns, was wohl in der Entspannung geschieht. Bei solcher Einstellung wird nur das halbe Bewußtsein entspannt; die andere Hälfte hat Zeit und Muße, Angstgefühlen mit dem Mikroskop der Phantasie nachzuspüren und unbedeutende Empfindungen grotesk zu vergrößern. Hier hilft die bewußte Umschaltung auf Lassen, Sich-gehen-Lassen, und die Hingabe an die Vorstellung völligen Entspanntseins.

8. Störungen durch beharrlich wiederkehrende *negative* Gedanken werden durch gelassene Hinwendung auf entgegengesetzte positive Vorstellungen aufgehoben, etwa auf einen lustbetonten Gedanken der Liebe oder Zuneigung, der Freude oder Sonnigkeit. Es kann nämlich immer nur *ein* Gedanke im Bewußtseinsblickfeld weilen. Wenn an die Stelle eines störenden negativen Gedankens wie bei einem Kinematographen einfach ein anderer, positiver geschoben wird, auf den sich nun die ganze Aufmerksamkeit richtet, dann tritt der negative Gedanke von selbst in die Dunkelheit zurück, in den Hintergrund, in das Vergessen, ins Nichts.

9. Oft sind Mißgefühle nur Folgen unbewußter *Anstrengungen* bei der Entspannung, also der technisch falschen Einschaltung des *Willens,* alles richtig zu machen. Der dadurch bewirkte Widerstreit zwischen Willen (= Spannung) und Entspannung führt zu inneren Fehlschaltungen auf Mißgefühle. Hier hilft die Umschaltung auf Nichtwollen, die gelassene Hingabe an Vorstellungsbilder wohligen Entspanntseins, und das beharrliche Weitermachen bei gleichzeitiger Nichtbeachtung auftretender Störungen, bis es von selbst zur vollen Entspannung kommt.

10. Bei eintretender *Passivität,* die leicht zum Gegenpol schöpferischer Entspannung und Sammlung, nämlich zur Medialität führen kann, sollte man sofort einhalten und sich mit Gedanken der Kraft und Frische erfüllen. Man denke, sage und fühle: „Ich bin innerlich wach und aktiv! Ich bin positiv! Ich bin gesammelte Kraft!“ — Passiv sei man nur bei Schweigeübungen, die zur Meditation und Kontemplation weiterführen, zur Hingabe an die göttliche Kraft.

11. *Schläfrigkeit* wird wie Passivität behandelt, evtl. durch Sammlung auf den Atem: „Ich atme! Ich atme bewußt! Ich atme Kraft, Frische, sprühendes Leben ein und alle Müdigkeit hinaus!“ Im übrigen empfiehlt sich hier, die Übungen eine Weile auf den frühen Morgen zu verlegen. Das gilt auch bei *Neigung zum Einschlafen,* die an sich erklärlich ist, da

das Tagesbewußtsein sich gewohnheitsmäßig mit den Gedanken beschäftigt und bei deren Abklingen zum Einschlafen neigt. Wird Umschaltung auf Frische und sprühende Lebendigkeit vorgenommen, verschwindet die Schläfrigkeit bald von selbst.

12. *Innere Unruhe* beseitigt man durch Sammlung auf den zuletzt durch das Bewußtsein gegangenen Gedanken, bis man spürt, daß der Gedankenstrom abebbt, sich verlangsamt; alsdann Umschaltung auf gefühlsbetonte positive Vorstellungen der Ruhe, des Friedens, der Kraft, Gesundheit, Freude und Harmonie.

13. *Mangel an Ausdauer* wird durch Gewöhnung an Beharrung mit Hilfe der folgenden Bejahung überwunden:

„Geduld, Beharrlichkeit und ruhiges Erwarten des Erfolgs führt zum Ziel. Was sich in Jahrzehnten an Negativem in mir aufgehäuft hat, kann nicht in Tagen verschwinden, wohl aber bei beharrlichem Weitermachen in wenigen Wochen. Hat die Reinigung des Bewußtseins erst einmal begonnen, strömt und flieht alles Negative von selbst immer schneller davon und weicht den Lichtkräften der Freude und des Fortschritts. Ich harre darum aus. Ich bin unermüdlich – bis ans Ziel!"

14. Mancher spürt beim Entspannen das Vorhandensein bestimmter *Verkrampfungen*, die scheinbar nicht ohne weiteres weichen wollen. Ich sage: scheinbar; denn in Wirklichkeit verschwinden sie, wenn die Hingabe an die Entspannung weiter vertieft wird und wenn die Entspannung bewußt auf die verkrampften Muskeln ausgedehnt wird, etwa mit folgender Bejahung:

„Ich bin entspannt, vollkommen entspannt. Alle Muskeln, auch die . . . (des Gesichts, der Hände etc.) und alle Glieder des Körpers sind restlos entspannt. Auch die Gedanken und Gefühle sind zur Ruhe gekommen. In mir herrscht absolute Ruhe, Harmonie und Friede. Ich bin ganz Ruhe und Harmonie!"

15. *Schmerzen,* die einem bei der Entspannung bewußt werden, zeigen an, wie nötig der bisher vernachlässigte und überbeanspruchte Körper der Entspannung und Regeneration bedarf. Mit der Wiederholung und dem Tieferwerden der Entspannung verschwinden solche Schmerzen von selbst, weil die natürliche Selbstheilkraft des leibseelischen Organismus durch die Entspannung Gelegenheit bekommt, ihre bisher gehemmte Heilarbeit wieder aufzunehmen und ungestört fortzusetzen.

16. Wenn, was selten vorkommt, in der Entspannung unterdrückte *Ängste* frei werden und bei ihrem Aufquellen Herzklopfen, Übelkeit, Angst vor der Fortsetzung der Entspannung auslösen, gilt es, die Entspannung eine Zeitlang mit der lösenden Bejahung zu begleiten:

„Die Entspannung wirkt auf Leib und Seele wohltuend, befreiend und angenehm harmonisierend. Sie löst, entkrampft und entgiftet mich und macht mich innerlich frei!"

Wenn diese Bejahung nicht hilft, die inneren Widerstände also tiefer sitzen, empfiehlt es sich, diese mit Hilfe eines Psychotherapeuten zu beseitigen. Das gilt auch für sonstige Störungen, die nicht in die hier besprochenen Gruppen fallen und auch den im weiteren zu besprechenden Konzentrations-Hilfen nicht weichen.

KONZENTRATIONS-HILFEN

„Sage keiner, man könne anderen, könne dem Volke nicht helfen! Die Mittel dazu liegen im Innersten seiner Not. Und man lernt sie gebrauchen, indem man sie anwendet.“

Johann Heinrich Pestalozzi

Viele bedienen sich äußerer Hilfsmittel zur Förderung der Arbeitskonzentration, die zum Teil nicht unbedenklich sind. Dazu gehören Tabak, Alkohol und Rauschmittel wie *Hanftinktur* (cannabis indica, Haschisch, Marihuana) und *Opiate*, die in kleinen Dosen Anregung und erhöhte Konzentration bewirken, aber nur vorübergehend, weshalb die Menge mit der Zeit erhöht wird und schließlich Süchtigkeit entsteht. Dann folgt dem euphorischen oder gehobenen Zustand wachsende Betäubung und am Ende der Zerfall der Persönlichkeit.

Zu den umstrittenen Konzentrationshilfen gehört die *Kristallkugel*, da deren Gebrauch das Abgleiten in Schlaf, Trance bzw. Autohypnose begünstigt und dazu führt, daß das Unbewußte, statt der Anweisung zur Sammlung zu folgen, sich zum Herrn und Tyrannen aufschwingt und psychische Labilität, Ichspaltungen und Mediumismus entstehen, weshalb vom Gebrauch von Kristallkugeln abzuraten ist.

Unbedenklich sind hingegen die bekannten indischen *Räuberstäbchen* auf Sandelholzbasis, deren Duft, wenn man ein Stückchen verglimmen läßt, leicht stimulierend wirkt und die Sammlung erleichtert.

Im übrigen braucht niemand, wie Claude *Farrère*, Gustav *Meyrink* und andere Dichter wie Wahrheitssucher es wagten, mit Rauschgiften wie Opium oder Peyotl Selbstversuche durchzuführen, um zu seelischer Lockerung zu gelangen, schlummernde Innenkräfte zu wecken oder etwa die Tatsache außersinnlicher Wahrnehmung zu erfahren. Denn das Gleiche kann bei völliger Bewußtheit auf dem Weg konzentrativer Selbstbesinnung erreicht werden, durch Kraftatmen, durch Entspannungsübungen usw.

Als einfachstes Mittel, die Konzentration auf bestimmte Gedanken, Dinge oder Aufgaben leicht zu machen, die Zielbejahung von früh bis spät lebendig zu erhalten, dem Unterbewußtsein laufend positive Verwirklichungsimpulse zu vermitteln und den Motor des Erfolgs in Gang zu halten, empfehlen sich die *Konzentrationskärtchen.*

Es handelt sich um folgendes: Wenn man sich ein bestimmtes Ziel gesetzt hat und das geistige Bild des zu Erreichenden anschaulich im Blickfeld des Bewußtseins steht, nimmt man eine Anzahl kleiner Kärtchen und schreibt das zu Verwirklichende in kurzen Worten auf die einzelnen Karten, die man alsdann in die Brieftasche oder Geldbörse steckt, auf dem Schreibtisch oder über dem Arbeitsplatz anbringt, am Spiegel, auf dem Nachttisch, im Terminkalender und dort unterbringt, wohin der Blick tagsüber häufiger fällt.

So oft das geschieht, spricht man das oder die Konzentrationsworte leise vor sich hin, um das Unterbewußtsein so täglich unzählige Male an seine Aufgabe zu erinnern.

Diese einfache Methode bewirkt, daß man laufend an das geistige Bild des bejahten Erfolgs erinnert wird, wodurch die Zielkonzentration unmerklich, aber nachhaltig gesteigert wird. Dieser ständige Selbsthinweis auf den Leitgedanken wirkt stärker als eine einzelne Konzentrationsübung kräfteaktivierend und -sammelnd.

Diese Konzentrationskärtchen, deren Anwendung auf Immanuel *Kant* zurückgeht, werden von vielen Erfolgreichen mit Gewinn benutzt – auch wenn sie nie darüber sprechen. Mit Recht – denn eine damit zusammenhängende Erfolgsregel besagt, daß man über das, was man innerlich bejaht und wünscht, zu niemandem spricht – außer zu dem, der sich gemeinsam mit einem auf das gleiche Ziel konzentriert –, bis das Ziel erreicht ist.

Danach erübrigt sich das Darüberreden sowieso, weil man dann bereits das *nächste* Ziel ins Auge gefaßt hat. Schweigen ist, wie schon erwähnt, auch darum geboten, weil es die Kräfte sammelt und steigert, während man seine Energie zersplittert und den Gedankenmotor leer laufen läßt, wenn man über seine Vorhaben redet.

Je kürzer, präziser und positiver die auf den Konzentrationskärtchen fixierte Formel und je größer die Zahl der Wiederholungen des Leitgedankens ist, desto stärker wird die Durchsetzungskraft des Wunschgedankens und desto größer die Aussicht, daß das beharrlich Bejahte mit einem Mindestmaß an Kraft und Zeit erreicht wird.

Die dritte Erfolgsvoraussetzung ist, daß man vom Augenblick der Bejahung an auch *äußerlich* die Schritte auf das bejahte Erfolgsziel hin lenkt – also das *tut*, was man jeweils tun kann, um es zu erreichen.

Hierbei ist weiter wichtig, daß man dem ‚inneren Partner und Helfer' Gelegenheit gibt, einem in wachsendem Maße Richtungshinweise, förderliche Einsichten und günstige Gelegenheiten bewußt zu machen. Man muß also zugleich nach innen aufgeschlossen und hellhörig sein, wachsam für jeden Wink, folgsam gegenüber jedem drängenden Impuls, der nach Tat verlangt.

Je williger man der alsdann einsetzenden inneren Weisung und Führung folgt, desto mehr Umwege, Fehler und Enttäuschungen erspart man sich, desto sichtbarer führt der Weg vorwärts und aufwärts und desto rascher nähert man sich dem bejahten Ziel.

KNOTENSCHNUR

Zu den bewährten psychotechnischen Hilfsmitteln zur Erleichterung der Entspannung wie der Konzentration und zur Harmonisierung von innen her gehören die *Knotenschnur* und das *Gedankenpendel.*

Die *Knotenschnur* ist vor allem denen zu empfehlen, die mit der Entspannung und Sammlung der Gedanken Schwierigkeiten haben, leicht abgelenkt werden, weil sie ihnen hilft, sich jederzeit auf das zu sammeln, was sie vorhaben.

Die Knotenschnur, die von Emile *Coué* zur Anwendung gebracht wurde, besteht aus einer Schnur oder einem Strick, den man so mit 20 Knoten versieht, daß er mit je einem Knoten endet. Man läßt die Knotenschnur bei geschlossenen Augen von einem Ende bis zum anderen durch die Finger gleiten, wobei die einzelnen Knoten von den Fingern der einen Hand an die der anderen weitergegeben werden, und wiederholt bei jedem Knoten entweder die allgemeine Coué-Formel („Mit jedem Tage geht es mir in jeder Hinsicht immer besser und besser") oder die spezielle Konzentrationsformel, für die im weiteren eine Vielzahl von Beispielen gegeben wird. Zwanzigmalige Wiederholung hat sich in der Praxis als die für die Beeinflussung des Unterbewußtseins günstigste Zahl erwiesen und bewährt.

Durch die Einschaltung der *Hände* wird der Tastsinn positiv in die Entspannung und Sammlung einbezogen. Daß das richtig ist, zeigen zwei Beobachtungen:

Nervöse bewegen unwillkürlich vornehmlich die Hände und die Finger, die wie Seismographen den Grad der inneren Spannung und Unruhe erkennen lassen und die Nervosität abreagieren sollen. Besonders ruhige Menschen sind hingegen oft solche, die ihren Händen eine gleichmäßige Beschäftigung geben, z. B. Frauen, die sich gern mit einer Strickerei oder Stickerei beschäftigen, oder Bastler und alle, die sonstwie durch Handarbeit psychomagnetische Spannungsüberschüsse durch die Fingerspitzen zum Abfließen bringen.

Durch die Einschaltung der Hände wird nicht nur Blut vom Gehirn abgezogen und das Denkorgan entlastet und entspannt, sondern es werden auch energetische Stauungen und Störungen zum Ausgleich gebracht, wobei die Finger als Ableiter, Entlader und Spannungsdruckminderer dienen.

Eine gewisse Umstimmung, Einstimmung und Sammlung wird schon durch das Zusammenlegen der Fingerspitzen, wenn es bewußt geschieht, oder durch das *Falten* der Hände erreicht, und zweifellos hat das Händefalten beim Gebet eben diese Aufgabe psychosomatischer Entspannung und Sammlung nach innen.

Gleiche Beobachtungen kann man beim Gebrauch der *Knotenschnur* machen, wobei das Weitergleitenlassen der Knoten von den Fingern der einen zu denen der anderen Hand das Abwandern der Gedanken verhindert. Selbstbeobachtung zeigt, daß die Anwendung der Knotenschnur abregend, besänftigend und beruhigend wirkt. Wenn die Gedanken trotzdem abschweifen wollen, genügt ein etwas stärkerer Druck mit den Fingern auf den jeweiligen Knoten, um Gefühl und Aufmerksamkeit auf den Knoten und die Konzentrationsformel zu sammeln.

Manche benutzen die Knotenschnur allabendlich zur Entspannung und Sicherung eines *ruhigen, traumlosen, tiefen Schlafs* – und zwar in der Weise, daß sie, im Dunkeln mit geschlossenen Augen im Bett liegend, die einzelnen Knoten spielerisch durch die Finger gleiten lassen und bei jedem Knoten in Gedanken bejahen oder in sich hineinflüstern: „Ich bin müde und schlafe ein, schlafe ein . . .“ oder:

„Ich bin müde und entspannt und werde heute nacht tief, ruhig und traumlos schlafen und morgen früh um . . . Uhr frisch, gestärkt und frohgestimmt erwachen.“

Beim letzten Knoten ist die nötige Schlafbereitschaft erreicht, wenn man nicht schon früher eingeschlafen ist und dann am Morgen mit der Schnur in der Hand oder neben sich frisch und wohlgemut aufwacht . . .

Manche spüren bei Anwendung der Knotenschnur auch das von Knoten zu Knoten zunehmende Warm- und Schwerwerden der Hände und Arme und schließlich des ganzen Körpers und schlafen dann entsprechend leichter ein. –

Parallelen zur Knotenschnur bilden der katholische *Rosen-*

kranz und der sog. ‚türkische Rosenkranz', die *Gebetskugelschnur* der Mohammedaner, wie auch die Gebetsschnur und die Gebetsmühle der Tibeter, die die Hinwendung und innere Sammlung auf das Gebet erleichtern. – Eine Perlenkette kann natürlich den gleichen Dienst leisten.

GEDANKEN-PENDEL

Ebenso hilfreich wie die Knotenschnur ist das gleichfalls von Coué in die Praxis der bewußten Autosuggestion eingeführte Chevreul'sche *Pendel,* mit dem man die unmittelbare Verwirklichung eines Gedankens demonstrieren und die Konzentration erleichtern kann.

Man bindet einen Ring oder ein metallenes Pendel an einen 25 bis 30 cm langen Seidenfaden, zeichnet auf ein Blatt Papier einen dicken Kreis mit zwei sich rechtwinklig schneidenden Durchmessern und hält das Pendel am freien Ende des Fadens über die Mitte des Kreises, also den Schnittpunkt der beiden Durchmesser, bis das Pendel über diesem Punkt stillsteht.

Nun blickt man auf den einen Durchmesser und konzentriert sich auf die Vorstellung, daß das Pendel sich auf dieser Linie hin und her bewegt. Alsbald beginnt das Pendel leise zu schwingen und dem Kreisdurchmesser von links nach rechts und zurück zu folgen.

Danach stellt man sich vor, daß das Pendel zur Ruhe kommt, und darauf, wie es dem anderen Durchmesser folgt, also vor und zurück schwingt, und nach erneutem Zurruhekommen schließlich dem vorgezeichneten *Kreis* folgt.

Die Pendelbewegungen machen deutlich, daß der *Gedanke* der Pendelbewegung die entsprechenden Impulse auslöst, die vom Gehirn über das sympathische Nervensystem als Befehl an die Muskeln weitergeleitet und in kaum wahrnehmbare unwillkürliche Muskelbewegungen umgesetzt werden, die das

Pendel in der vorgestellten Richtung zum Schwingen bringen. *Man sieht hier, wie ein Gedanke sich unmittelbar verwirklicht.*

Nun kann der gleiche Gedankenimpuls aber auch zur Auslösung bestimmter Kräfte, Tendenzen, Fähigkeiten und Eigenschaften im Unterbewußtsein dienen, etwa in der Weise, daß man in den vorgezeichneten Kreis entsprechende *Konzentrationsstichworte* schreibt – z. B. ‚Frohsinn', ‚Ruhe', ‚Mut', ‚Kraft' –, das Pendel dann um diese Worte kreisen läßt und dabei fühlt, wie mit jedem Pendelumschwung die entsprechende Energie oder Fähigkeit in einem aktiviert wird.

Dieses einfache Verfahren läßt sich tausendfach variieren und wirkt um so sicherer, je intensiver es geübt, je konzentrierter und beharrlicher alles Denken und Fühlen auf das Bejahte gerichtet wird.

SCHUTZ GEGEN FREMDEINFLÜSSE

Wir werden heute alle durch die Massenmedien Presse, Rundfunk und Fernsehen, durch den Kontakt mit anderen Menschen, durch Reklamen in den Schaufenstern und an den Straßen pausenlos mit Fremdsuggestionen überrieselt und dadurch weitgehend im unbeeinflußten eigenen Denken behindert.

Ständig wird uns in Wort, Bild und Ton eingeredet, eingehämmert, diese Meinung, Lehre, Religion, Gemeinschaft oder Sache sei die beste, jene Lebens-, Nähr- oder Heilmittel seien für die Erhaltung oder Steigerung unserer Gesundheit und Leistungskraft notwendig, der Besitz dieser oder jener Dinge oder Geräte sei für unser Fortkommen oder Glück unentbehrlich . . .

. . . Unablässig wird unsere Aufmerksamkeit, unser Interesse, unser Verlangen, unsere Gier nach Mehrsein und Mehrhaben angesprochen und angestachelt; immer seltener kommen wir zur Ruhe, zur Besinnung, zu uns selbst. Denn alle äußeren Eindrücke und Einflüsse lenken uns von uns selber ab und auf tausend Dinge hin, die wir in Wirklichkeit kaum brauchen und nach denen es uns nicht verlangt hätte, wenn wir gegen Fremdeinflüsse immun wären ...

Diese Immunität, diesen Schutz gegen Fremdeinflüsse können wir jederzeit erlangen – durch die Übung der Konzentration, deren natürliche Folge die Zunahme der Fähigkeit des Selbstdenkens, Selbsturteilens, Selbstentscheidens und der Kraft des Selbstseins ist, d. h. des Unabhängigseins von fremden Meinungen, Verlockungen und Suggestionen. Denn beeinflußbar ist der Mensch nur, soweit er unkonzentriert ist.

Fremdeinflüsse bestehen im übrigen nicht nur aus Eindrücken von *außen* her, sie kommen ebenso – auch, wenn wir allein sind – über das Kollektive Unbewußte von *innen* her. Wir leben alle in einem uferlosen Gedankenmeer voll heftiger Strömungen und Gefühlswirbel, die zuweilen sturm- oder maelstromartigen Charakter annehmen und im Wege unterbewußter Gedankenansteckung zu kollektiven Moden, zu politischen, sozialen, konfessionellen oder weltanschaulichen Fanatismen, Massenpsychosen und Gedanken-Epidemien führen können. Auch gegen diese unterschwelligen Einflüsse schützt erfahrungsgemäß am sichersten die Gewöhnung an *Konzentration.*

Wo zwei oder mehr Menschen zusammenkommen oder zusammen arbeiten, wirken ihre Gedankenkraftfelder im Wege der psychischen Resonanz unmerklich negativ oder positiv umstimmend, verstimmend oder hochstimmend, kraftzehrend oder kraftmehrend aufeinander ein – je nach der Richtung, Gefühlsbetontheit und Konzentration der in den einzelnen Menschen vorherrschenden Gedankenströmungen.

Unmöglich, die Vielzahl der dabei ausgelösten Wechselwirkungen in ein Schema zu bringen. Der Unkonzentrierte oder Sensible wird schon durch einen ablehnenden oder feindseligen Gedankenimpuls eines anderen deprimiert, von den geballten Haßwellen einer Mehrheit geradezu psychisch gelähmt und handlungsunfähig, wie ein Vogel vom starren Blick einer Schlange hypnotisiert wird.

Wer hingegen konzentriert ist, wehrt negative Fremdeinflüsse spielend ab, spürt sie kaum, schaltet die ihm dienlichen positiven Gedankenkräfte seinem eigenen Kraftfeld gleich und bleibt so auch für Kollektiveinflüsse unerreichbar.

Wer, gesammelt, nach innen lauscht, kann diese unablässig flüsternden Fremdstimmen, die Gedankenströmungen, die nach aufnahmefähigen Gemütern suchen, ja vielleicht sogar das Wispern der mit den physikalischen Mitteln von Radio und Fernsehen mit Lichtgeschwindigkeit allseitig ausgestrahlten Gedanken- und Gefühlsimpulse vernehmen, ohne davon beeindruckt zu werden, während Sensitive und Medien wie unter Strom stehende Empfänger leicht zu Sprech- und Tatwerkzeugen fremder Gedanken- und Willenstendenzen werden können . . .

Sie spüren ebenso wie einer, der sich, gesammelt, der Umwelt gegenüber aufschließt, auch die *gedankliche Atmosphäre*, den psychischen Dunstkreis, die ‚Aura', die jedem Raum, jedem Ort, ja jedem von Menschen benutzten Gegenstand anhaftet.

Der innerlich Gesammelte ist infolge der positiven Ladung seines Wesenskraftfeldes solchen Impressionen und Einflüssen gegenüber immun; er lebt auf einer höheren Bewußtseinsebene, in einem geistigen Hochland, zu dem die bewegten Gedankennebel der Niederungen nicht hinanreichen.

Auch die Erregungen anderer, die zusätzlich durch Worte und Gesten kundgetan werden, lassen ihn unbewegt. Sein stärkeres Gedankenkraftfeld kann, wenn er es will, sogar unmittelbar beruhigend und ausgleichend wirken. Dieser Einfluß kann durch entsprechende *Bejahungen* fühlbar verstärkt werden:

„Der Geist der Harmonie und die Kraft der Liebe erfüllen mein ganzes Wesen. Von fremden Erregungen bleibe ich unberührt und unbewegt wie ein Fels im Meer. Ich bin erfüllt von Seelenruhe und Gelassenheit, von Harmonie und Liebe. Im Kraftfeld meiner inneren Harmonie und Liebe kommt fremde Erregung zur Ruhe und wandelt sich in Sympathie und Übereinstimmung. Wir sind innerlich eins. Alles ist eins, und alles ist gut!"

ÜBERWINDUNG FREMDEN HASSES

Mancher fühlt sich durch den verspürten oder vermeintlichen Haß eines anderen bedrückt, beengt, gehemmt oder gelähmt. Auch dieser Bann wird durch die Konzentration aufgehoben. Die Aufhebung beginnt bereits mit der Einsicht, daß empfundene Mißgefühle primär nicht von anderen herrühren, sondern Folgen eigener negativer Einstellung anderen gegenüber sind und verschwinden, wenn man von unbewußter Angst, Abneigung und Abwehr auf Gelassenheit und Nichtreagieren oder, noch besser, auf Sympathie, freundliche Bejahung und liebende Haltung umschaltet. Je positiver die eigene Gesinnung und Gemütshaltung, desto unerreichbarer wird man für negative Fremdeinflüsse.

Man prüfe sich auch daraufhin, ob man etwa selbst an dem Haß, der Verleumdung oder sonstigen Unfreundlichkeiten der Umwelt mitschuldig ist, um eigenes Fehlverhalten in Wohlwollen und Wohlverhalten umzuwandeln und aufzuhören, den anderen Gedanken des Gekränktseins, der Ablehnung oder Rache entgegenzubringen, die von deren Unterbewußtsein verspürt und mit verstärkten Haßwellen beantwortet werden.

Es genügt eben nicht, mit dem Zurückstrahlen negativer Empfindungen aufzuhören, vielmehr muß die positive Reaktion nachfolgen durch bewußte Ausstrahlung von Bejahungen, von Gedanken des Verstehens und Verzeihens, der Freundschaft und Einheit, bis man spürt, wie die Umstimmung auch bei den anderen einzusetzen beginnt.

Ist kein Eigenverschulden festzustellen, schlägt man den gleichen Weg der Wiederherstellung der gestörten Harmonie von innen her ein, um schließlich den anderen mit friedensbereiter Haltung aufzusuchen, sich mit ihm auszusprechen und klarzustellen, daß kein Grund zu gegenseitiger Abneigung oder Feindseligkeit besteht.

Mag das Feuer des Hasses noch so hell lodern: wenn man selbst keinen Brennstoff hinzutut, sondern hilft, daß das Feuer erlischt, wird es schließlich aus Mangel an Nahrung eingehen. Immer ist der Positive stärker als der Negative, Liebe mächtiger als der Haß. Wer vom Geist der Liebe erfüllt ist, ist gegen alles Niedere gefeit. Wer die Kunst der Konzentration beherrscht, bedarf keiner Fremdhilfe; er weiß alle Kraft und allen Schutz in sich – in seiner Seelenburg, dem sicheren Hort seiner Macht und Überlegenheit.

DIE SEELENBURG

Wer sich in diese innere Burg zurückzieht, ist für alles seinem Wesen Ungemäße und Feindliche unerreichbar und auch gegen *gezielte psychische Beeinflussungsversuche* anderer gefeit.

Wir leben nicht nur unter *unbewußten Magiern,* die nicht ahnen, wieviel Unheil sie durch negatives Denken und Haßgefühle gegen andere anrichten, sondern auch unter *bewußten,* die ihre Imaginationsfähigkeit, ihre geistigen Bildekräfte zur Erlangung und Steigerung ihrer Macht über andere mißbrauchen.

Wer nun solche Einflüsse anderer fürchtet oder sich einbildet, fällt ihnen zum Opfer. Ruht einer hingegen in sich selber und beherrscht er seine Gedanken, dann lächelt er über die Fruchtlosigkeit der geistigen Überrumpelungsversuche anderer. In sich gesammelt, ist er von einem geistigen Schutzpanzer umgeben, von einem positiven Kraftfeld umhüllt, in das keine negativen Fremdeinflüsse einzudringen vermögen. Er weiß sich in seiner Seelenburg geborgen.

Dieser geistige Selbstschutz wird durch die wiederholte Konzentration auf die Seelenburg und die entsprechende Aktivierung der seelischen Abwehrkräfte mit der Zeit so stark, daß er wie ein *mentaler Panzer* wirkt – vergleichbar etwa dem Raumanzug, der den Astronauten gegen die Gefahren des Vakuums schützt.

Er kann zusätzlich allabendlich vor dem Einschlafen durch bewußtes Zurückziehen in die Seelenburg eingeschaltet werden mit der Wirkung, daß man nachts – also zu einer Zeit, in der der dekonzentrierte Mensch in seinen Träumen leicht mit-leidender Teilnehmer fremder Mißgefühle und kollektiver Ängste wird – tief und traumlos schläft und am Morgen frisch, neugestärkt und leistungsfroh erwacht.

Wie ein Raumanzug mit Einrichtungen zur Sauerstoffversorgung und zur Steuerung der Bewegungen des Astronauten im luftleeren kosmischen Raum versehen ist, so ist das innere Wachstum und Stärkerwerden des Menschen innerhalb der Seelenburg durch die Steuerung vom Selbst her gesichert mit der Wirkung, daß der in sich Gesammelte, auch wenn er außerhalb der Seelenburg weilt und durch die Erledigung seiner Alltagspflichten beansprucht ist, seines absoluten Beschützt- und Geborgenseins gewiß bleibt.

KONZENTRATIONS-ÜBUNGEN IM ALLTAG

„Beim Denken kommt alles darauf an, daß einem die rechte Vorstellung im rechten Moment einfällt; nur hierin unterscheidet sich das Denker-Genie vom Dummen, Toren und Narren. Und dieser Prozeß wird durch Übung erleichtert."
Eduard von Hartmann,
„Philosophie des Unbewußten", Bd. I, S. 262 f.

„Es werden mehr Menschen durch Übung tüchtig als durch Naturanlage."
Demokrit, Fragmente, 242

Ziel aller Konzentrations-Übungen ist die Erziehung zu positiv-dynamischem Denken, zu wachsendem Wachsein, lebendiger Bewußtheit und schöpferischem Wirken. Ihre Wucht wächst mit der Wiederholung, durch die neue psychische Automatismen, Denk- und Verhaltensgewohnheiten, geschaffen werden, die schließlich als förderliche Eigenschaften und Charakterzüge in Erscheinung treten.

Es gibt eine Vielzahl bewährter Konzentrationsübungen für den Alltag, deren Nutzen in dem Maße zunimmt, in welchem sie mit den beruflichen und sonstigen täglichen Aufgaben und Tätigkeiten verbunden werden.

Sie sind zum Teil seit altersher bekannt, denken wir nur daran, wie im alten Indien das Konzentrationsvermögen eines Yogaschülers geprüft und geschult wurde: er mußte etwa eine bis an den Rand mit Milch gefüllte Schale zuerst um die Hütte des Lehrers, dann um das ganze Dorf tragen, ohne einen Tropfen zu verschütten. An der Menge der bei der Rückkehr in der Schale verbliebenen Milch wurde der Grad der Konzentration abgelesen. Einweihungswürdig war, wer auf dem ganzen Wege keinen Tropfen verschüttet hatte ...

Die nachfolgenden Konzentrationsübungen und -beispiele sollen helfen, das Konzentrationsvermögen zu steigern und Hindernisse und Schwierigkeiten auf dem Wege zur Höhe zu überwinden. In jeder Übungsgruppe ist jeweils ein Beispiel angeführt, das zugleich Anregung zu weiteren Übungen je nach Neigung und Bedarf gibt.

Bei den einzelnen Übungen kommt es zunächst darauf an, daß ein vorher scharf fixierter Gegenstand nach Schließen der Augen innerlich rekonstruiert wird: das geistig-gedankliche Bild des Konzentrationsobjekts muß so deutlich vor dem inneren Auge stehen, daß man es förmlich greifen zu können glaubt. Das gelingt selten beim ersten Mal, weshalb die Übung so oft wiederholt wird, bis man das Objekt nicht nur innerlich nachzugestalten vermag, sondern auch fähig ist, es nachzuzeichnen. Man beginnt bei den einfachsten Dingen und geht nach und nach zu schwierigeren über.

Als Vor-Übung möge eine einfache *Punkt-Fixierung* dienen: man wählt einen Punkt oder Nagelkopf an der Wand oder einen auf weißem Papier gezeichneten Punkt und blickt diesen ohne Abschweifen der Augen und Gedanken eine Minute lang an. Die Aufgabe ist gelöst, wenn weder die Wand noch das Papier, sondern einzig der Punkt gesehen wird und wenn auch die Gedanken bei ihm verharren.

Die nächste Übung besteht darin, daß man den Punkt durch das auf das Papier geschriebene Wort ‚*Kraft*' ersetzt und die Gedanken darauf sammelt, bis das Wort ‚Fleisch' wird, bis man die neue Energie förmlich fühlt, die durch die Sammlung in den Tiefen des Unbewußten mobilisiert wird, also die Zunahme an lebendiger Kraft und Frische spürt.

Die gleiche Übung kann dann – jeweils eine Minute – mit verwandten Begriffen wie Freude, Mut, Ruhe, Glück, Zufriedenheit, Erfolg, Sonnenhaftigkeit, Gesundheit, Harmonie, Liebe vorgenommen werden. Durch diese Übungen wird das Auge daran gewöhnt, nicht unruhig umherzuwandern, sondern auf einem Punkt zu verweilen. Man erlangt dadurch jenen konzentrierten Blick, der mit Recht als Ausdruck und Anzeiger innerer Festigkeit und Konzentration empfunden wird.

Nach diesen einfachen Übungen geht man zur Schulung des *plastischen Schauens* an den Gegenständen um einen herum über. Man legt etwa seine *Uhr* auf den Tisch, blickt sie eine Minute konzentriert an, schließt dann die Augen und versucht, im Geiste ein ebenso getreues wie plastisches dreidimensionales Abbild der Uhr zu gestalten – und zwar in allen Einzelheiten, also nach Form und Stellung der Zeiger, der Zahlen und der sonstigen Merkmale der Uhr. Anschließend vergleicht man das innere Bild mit der Wirklichkeit. Wer zeichnen kann, übe das gleiche in der Weise, daß er die fixierte Uhr weglegt und dann alle Einzelheiten zeichnerisch wiedergibt.

Als nächstes mache man einen *Tisch* zum Gegenstand der Konzentrationsübung: Man setze sich bequem vor ihn hin, entspanne sich bei geschlossenen Augen, öffne dann die Augen und betrachte eine Minute lang den Tisch, als wäre man mit ihm allein auf der Welt und sehe ihn zum ersten Male. Danach versuche man, bei geschlossenen Augen den Tisch in allen Einzelheiten im Geiste zu rekonstruieren – nach Größe, Form, Farbe, Holzart, Maserung, Abnutzungserscheinungen und sonstigen Details. Auch das kann man zeichnerisch nachgestalten und dann Zeichnung und Original vergleichen.

Die gleiche Übung nehme man mit einem *Baum* im Garten oder im Walde vor: Man konzentriere sich stehend oder sitzend auf den Baum, sehe nur den Baum, also weder Hintergrund noch Umgebung. Die Sammlung ist gelungen, wenn in dem Maße, wie das Bild des Baumes schärfer wird und alle Einzelheiten sich deutlicher herausheben, die umgebende Landschaft verblaßt und nicht mehr wahrgenommen wird.

. . . Und nun schließe man die Augen und versuche, das getreue geistige Abbild des Baumes innerlich nachzugestalten. Man fühle den Baum gewissermaßen in sich wachsen, beseele ihn mit lebendiger Kraft, bis sein Bild wächst und das ganze Blickfeld des Bewußtseins erfüllt, ja, bis man *sich selbst* als Baum fühlt, das Strömen des Saftes, das Lichtwärtswachsen der Blätter, die Freude an der Sonne und dem Wehen des Windes mitempfindet.

Es bleibt dem Übenden überlassen, zur weiteren Schulung seines Konzentrationsvermögens selbst weitere Beispiele zu wählen und an ihnen sein inneres Vorstellungsvermögen zu steigern.

Alsdann mache man *sich selbst* zum Konzentrationsobjekt, etwa auf folgende Weise:

Man entspannt sich und stellt sich in der anschließenden Stille sich selbst vor als einen das Leben beherrschenden, siegesgewissen, stets konzentrierten Vollmenschen, wobei man versucht, dieses Bild so positiv und ideal wie möglich zu gestalten, sich ganz in dieses Ideal hineinzuleben. Man betrachtet mit steigendem Interesse jeden Zug, fühlt jede Wandlung zum Guten. Man stellt sich den aufrechten, energischen, straffen und elastischen Gang vor, den ruhigen Atem, den festen, lichtvollen, alles mit gleicher Liebe umfassenden Blick, den zielsicheren Zug um den Mund und die faltenlose Stirne . . .

. . . Man fühlt weiter, wie kräftig und widerstandsfähig der Körper ist, wie neue Energien in ihm erwachen, wie die ihn durchflutende Liebe ihn frei macht, den Atem tiefer und umfassender werden läßt, wie das Blut lebhafter fließt und allen Organen neue Kräfte zuführt, wie der ganze Organismus Leben ausstrahlt . . .

. . . Und weiter sieht und fühlt man, wie sonnenhaft strahlend die diesen Körper belebende *Seele* ist, wie frei und allem Irdischen überlegen sie sich fühlt, wie alles, was sie an Güte und Liebe hinausstrahlt, tausendfältig zu ihr zurückkehrt, wie ihre frohe Stimmung wächst und in jedem Winkel die Strahlen sonniger Laune sich brechen, wie sie alles dankbar und liebend entgegennimmt und als Lichtträger und Lichtspender ganz in ihren höchsten Idealen schwingt und nur das eine Streben hat, sie zu verwirklichen und damit zugleich sich selbst zu vervollkommnen.

Gelingt es einem, dieses Idealbild seiner selbst solchermaßen lebendig in sich zu gestalten, dann wird unmerklich das Wunder geschehen, daß man eines Tages das Idealbild selbst geworden ist. –

Am Schluß jeder Konzentration achte man im übrigen darauf, daß der *Übergang in den Tagesrhythmus* nicht plötzlich geschehe, sondern daß man aus der inneren Stille langsam in den Alltag hinübergleitet. Das geschieht, wie schon dargelegt, am besten durch bewußte Einschaltung in den Rhythmus des Atems, durch Öffnen der Augen, Recken und Strecken des Körpers mit der Bejahung, daß die durch die Konzentrationsübung gewonnene Kraft, Fähigkeit oder Gewißheit als Gewinn in den Alltag hinübergenommen wird.

Man bejahe und fühle abschließend noch einmal die Segnungen der Konzentration: Man fühlt sich erleichtert, als ob alle Sorgen und Lasten von einem genommen wären; man sieht die Dinge klarer und leichter überwindbar; neue Hoffnung ist eingezogen, neuer Mut und Vertrauen auf die erwachten Innenkräfte. Die Welt sieht sonniger aus, Arbeitslust, Wachheit und Aufnahmefähigkeit sind gewachsen, der Gesichtskreis hat sich geweitet; es ist, als wäre man ein neuer Mensch.

BEOBACHTUNGSSCHULUNG

Sehen geht über Hören! – dieses Sprichwort gibt der Einsicht Ausdruck, daß das Auge das für die Lebensmeisterung wichtigste Organ ist. Denn aus rechter *Sicht* erwachsen die rechten *Ansichten,* und wer seine Ansichten richtig vertritt, erringt *Ansehen* und verbessert seine *Aussichten.*

Mit gutem Grund empfiehlt Neugeist die planmäßige Schulung des Auges, dient dies doch auch der Stärkung des Sehgedächtnisses und der Schärfung des Blicks für das Wesentliche. Ein erprobtes Mittel dazu ist Übung im Zeichnen, weil es zu aufmerksamer Beobachtung erzieht. Beobachtung führt zum Achtgeben auf das Einzelne und, im weiteren, zum Sich-Inachtnehmen; es schult das Urteilsvermögen und leitet von der gründlicheren Übersicht zu überlegener *Einsicht.*

Mit der Übung des Zeichnens kann nicht früh genug begonnen werden, möglichst schon in der Kindheit. Aber auch der Erwachsene spürt bald den Gewinn, wenn er die Augen zeichnend schult. Ein teilweiser Ersatz für das Zeichnen ist das Fotografieren, da auch die Suche nach guten Motiven zum konzentrierten Hinsehen zwingt. Oft zeigen die Ansichten, die der Fotofreund von seinen Reisen mitbringt, zugleich, wie er die Welt anieht, wie weit seine Weltaufgeschlossenheit reicht, was alles ihm schon bedeutungsvoll und wesentlich geworden ist.

Sehen und *beobachten* ist zweierlei. Beim gewöhnlichen Hinsehen umfaßt der Blick das Ganze, beim Beobachten tastet er nach und nach alle Einzelheiten ab und nimmt zehnmal mehr auf und gräbt es ins Gedächtnis ein. Nach und nach macht die Gewohnheit des Beobachtens uns hellsichtig für die Zeichen der Natur und die Vorzeichen kommender Dinge: *Sicht* wird zu instinktiver *Voraussicht.*

Aber auch wenn wir nicht zeichnend sehen, tun wir gut, uns täglich im Beobachten zu üben, wozu schon der Weg zur Arbeitsstätte reichlich Gelegenheit bietet: wenn wir die Häuser, die an unserem Wege liegen, beschreiben müßten — wir könnten es nicht. Erst wenn wir uns im Beobachten geübt haben, werden aus vagen Vorstellungen scharf umrissene Bilder, die wir schließlich aus dem Gedächtnis wirklichkeitsnah nachzeichnen können.

Oder können Sie Ihre Armbanduhr, Ihr Radio, Ihren Bücherschrank oder was Sie sonst täglich vor Augen haben, genau nachzeichnen, ohne hinzusehen? Vergleichen Sie das Ergebnis mit der Wirklichkeit, dann wissen Sie, wie genau oder ungenau Ihr Auge sieht und wieviel hier nachzuholen ist.

Oder versuchen Sie einmal die Gesichter Ihrer Nachbarn so zu zeichnen, daß der unterschiedliche Charakter erkennbar wird. Nicht einfach, aber bei ständiger Übung im Beobachten möglich.

Oder können Sie, bei geschlossenen Augen, die Farbtöne der Gegenstände in Ihrem Wohnzimmer oder die der Häuser Ihrer Straße aus dem Gedächtnis angeben? Wiederum werden Sie feststellen, daß Sie viele Dinge bisher kaum bewußt angesehen haben. Je deutlicher nun, durch Übung, das Aussehen der Dinge in Ihrem Gedächtnis wird, desto schärfer umrissen werden auch Ihre Ansichten von den Dingen, den Umständen und dem Leben, und damit wiederum verbessern sich Ihre Aussichten, die Dinge und Umstände erfolgreich zu meistern.

Bedenken Sie, wieviele Entdeckungen, Erfindungen und andere Großleistungen auf allen Gebieten der Wissenschaft, Technik und Wirtschaft wie des Lebens Früchte rechten Hinsehens und Beobachtens sind! Dann geht Ihnen auf, was ich mit einem paradox klingenden Wortspiel sagen möchte:

Je unterhaltsamer Sie das Leben ansehen, desto leichter finden Sie Ihren Unterhalt. –

Weitere Übungen:

Auf Ihrem Schreibtisch liegen die verschiedensten Dinge: Briefe, Kugelschreiber, Bücher, Löscher, Leimtopf, Briefbeschwerer, Brieföffner, Schere usw. Blicken Sie eine Minute konzentriert auf dieses Idyll, schließen Sie dann die Augen und versuchen Sie, sich zunächst im Geiste, bei einer späteren Übung zeichnend zu vergegenwärtigen, was Sie alles gesehen haben und wo und wie zueinander die Gegenstände liegen.

Bei jeder derartigen Übung werden Sie feststellen, wie die innere Rekonstruktion des Gesehenen leichter wird und wie Sie sich auf diese Weise zu einem verläßlichen Zeugen entwickeln – im Gegensatz zu den üblichen Zeugen, deren Aussagen infolge mangelnder Beobachtungsschulung oft diametral entgegengesetzt sind. –

Die Wachheit und Bewußtheit bei allem, was Sie tun, können Sie weiter steigern durch das konzentrierte Betrachten von Fotos und Bildern, anschließende innere Nachbildung des Gesehenen bei geschlossenen Augen und zeichnerischer Wiedergabe; weiter durch die allabendliche Vergegenwärtigung aller Dinge, die Sie tagsüber wahrgenommen haben, oder des Weges von daheim ins Büro mit allem, was Sie unterwegs sahen.

Wie das *optische*, so kann auch das *akustische* Erinnerungsvermögen durch entsprechende *Gehörschulung* gesteigert werden, etwa durch bewußtes Anhören und nachfolgende innere Vergegenwärtigung von *Stimmen* zunächst von Bekannten, dann von Fremden, beim normalen lauten oder leisen Sprechen, Flüstern, Lachen, Singen – je nach Höhe, Tonfall, Klangform und sonstigen Eigenheiten, dann von Tierstimmen, von *Geräuschen* in der Natur und auf der Straße, von Fahrzeugen, Werkzeugen, Maschinen usw.

Ebenso kann man, wenn man will, eine entsprechende *Tastschulung* betreiben, indem man mit geschlossenen Augen in der eigenen Wohnung und später im Freien alle berührten Gegenstände sich geistig vergegenwärtigt; desgleichen kann man den Geschmacks- und Geruchssinn durch Übungen verfeinern.

GEDÄCHTNISSTÄRKUNG

Das Gedächtnis, von dem *Pascal* mit Recht sagt, daß es „für alle Tätigkeiten der Vernunft unerläßlich ist“, nimmt ab, wenn es nicht geübt, und zu, wenn es bewußt trainiert wird.

Manche klagen über ‚schlechtes Gedächtnis', die trotzdem Großes leisten, weil ihnen nicht bewußt ist, wie weit ihr auf ihr Werk gesammeltes Denken in Wirklichkeit aus dem Arsenal des Gedächtnisses schöpft. Andere wieder belasten ihr Gedächtnis nach der falschen Seite, indem sie es mit Dingen füllen, die man in jedem Lexikon nachschlagen kann oder die nicht wert sind, je erinnert zu werden.

Schopenhauer vergleicht ein ungeschultes Gedächtnis einem „Sieb, dessen Löcher, anfangs klein, wenig durchfallen lassen, mit der Zeit jedoch immer größer werden und endlich so groß, daß das Hineingeworfene fast restlos durchfällt."

Nun werden den an Gedächtnisschwäche Leidenden mancherlei Methoden und Mittel empfohlen, und zwar laufend neue, weil die meisten wenig nützen. Wirkliche Abhilfe bringt naturgemäß nur die Gewöhnung an *Konzentration* und hier wieder vor allem die *Übung des Erinnerungsvermögens.* Sie kann wie folgt vorgenommen werden:

Als erstes setzt oder legt man sich abends bequem hin, entspannt Körper und Gemüt und sammelt sich auf den langsamen rhythmischen Atemgang. Sowie man innerlich still geworden ist, beginnt man damit, sich, in der Zeit rückwärts gehend, alles zu vergegenwärtigen, was man an diesem Tage vom Abend bis zum Augenblick des Aufwachens am Morgen getan hat.

Beim ersten Versuch genügt es, sich die wichtigsten Handlungen ins Gedächtnis zurückzurufen, wofür man etwa drei Minuten ansetzt. Am nächsten Abend kann man das auf fünf Minuten ausdehnen und sich evtl. zusätzlich besinnen, was gut und was falsch gemacht wurde und künftig besser getan werden sollte.

Bei weiteren Übungen, bei denen man die Zeit der Sammlung und Rückbesinnung ausdehnt, wird man feststellen, daß das Bild des abgelaufenen Tages von Mal zu Mal mehr Einzelheiten enthält, das Gedächtnis also besser wird. Nach einem Monat kann das Erinnerungsvermögen die Anschaulichkeit eines Films erreichen, und man kann dazu übergehen, dann den Ablauf von zwei, drei und mehr Tagen zu rekonstruieren.

Wichtig ist dabei, daß die Gedanken nicht abschweifen, was man gegebenenfalls dadurch verhindert, daß man die einzelnen Erinnerungen in Worte kleidet, um auch das Gehör in die Konzentration mit einzuschalten, oder in Stichworten niederschreibt.

Danach kann man darangehen, das Gedächtnis unmittelbar in den Dienst der beruflichen und sonstigen Aufgaben zu stellen. Will man etwa das *Personen-Gedächtnis* steigern, beginnt man wiederum damit, sich in der abendlichen Erinnerungsübung eine Zeitlang darin zu schulen, sich alle Menschen, mit denen man tagsüber in Berührung kam, ins Gedächtnis zurückzurufen, das geistige Bild derselben in allen Einzelheiten innerlich nachzugestalten in Aussehen, Gesichtsausdruck, Kleidung, Gesten und Verhalten.

In gleicher Weise kann man sein *Namens-* und *Zahlengedächtnis* durch bewußte Rückerinnerung an alle tagsüber aufgenommenen Daten, Telefonnummern, Preise, Alters- und Zeitangaben schulen, sein *Ortsgedächtnis* durch Vergegenwärtigung der durchschrittenen oder durchfahrenen Straßen, Plätze usw., und ebenso, wie schon gezeigt, das Erinnerungsvermögen der anderen Sinne, soweit dies beruflich oder aus anderen Gründen wünschenswert erscheint.

Wenn man dann von da zur Schulung des Gedächtnisses für alle beruflich wichtigen Tatsachen und Daten übergeht, wird man feststellen, wie viel leichter nun das Behalten und jederzeitige Vergegenwärtigen geworden ist. Denn durch diese Übungen wird nicht nur ein schwaches Gedächtnis aktiviert und sein Leistungsvermögen erhöht, sondern auch die geistige Wachheit, Aufmerksamkeit und Geistesgegenwart gefördert und der Blick für das Wesentliche geschärft.

An die Stelle mechanischen Auswendiglernens ist dann bereits das dynamische Inwendiglernen getreten: das bewußte

Aufnehmen und Aneignen des Gelesenen, Gehörten oder Gelernten, das dem bewußten Aufnehmen der Nahrung gleicht, bei dem jeder Bissen langsam und gründlich gekaut und gemütlich genossen und damit für die Verdauung optimal nutzbar gemacht wird.

...Und nun lesen Sie diese Absätze nochmals bewußt, konzentriert durch und versuchen Sie, sich das Aufgenommene bei geschlossenen Augen schriftbildlich und inhaltlich zu vergegenwärtigen – zuerst hinsichtlich des Gedankengangs, später auch in Bezug auf die Worte, Wortbilder und Redewendungen. Geistige Arbeiter, die ein Buch konzentriert lesen, pflegen sich den Inhalt am Schluß als Ganzes zu vergegenwärtigen, um gewiß zu sein, daß ihnen das Wesentliche bewußt ist.

VERGESSLICHKEIT

So wichtig wie das Behalten ist das *Vergessenkönnen.* Es ist eine natürliche Einrichtung des Bewußtseins, daß es aus der Fülle der täglichen Eindrücke das Wesentliche und Behaltenswerte ausliest und den Rest zu den Akten legt. Dazu gehören insbesondere auch alle negativen Gedanken an erlittenes Unrecht, Enttäuschungen, Herabsetzungen, Mißgeschicke, Kränkungen und Mißgefühle. Wer sein Gedächtnis gewohnheitsmäßig mit diesem Gedankenplunder anfüllt, darf sich nicht wundern, wenn *Vergeßlichkeit* die Folge ist.

Weiter gehört dazu, daß wir aufhören, über ein ‚schlechtes Gedächtnis' zu klagen. Es gibt kein schlechtes Gedächtnis. Das Gedächtnis ist eine *positive Kraft,* die durch Belastung mit Negativem blockiert wird, bei bewußter Hinwendung auf das Gute und Behaltenswerte aber unbegrenzt leistungsfähig ist.

Auch die oft gehörte Meinung, daß ‚das Gedächtnis im Alter schwächer wird', ist falsch. In Wirklichkeit wird es, recht geübt, mit den Jahren immer leistungsfähiger, und zwar solange man lebt und diese Tatsache als selbstverständlich *bejaht*, also seinem Gedächtnis rückhaltlos *vertraut*.

Wer das tut, wird immer wieder beglückt feststellen, daß sein Gedächtnis unfehlbar ist. Wer das noch nicht erfahren hat, sollte sich eine Zeitlang allabendlich im Bejahen seiner Gedächtniskraft üben, etwa unter Sammlung auf folgende Konzentrationsformel:

Mein Gedächtnis wird mit jedem Tage und in jeder Hinsicht immer besser und besser. Es wird morgen vorbildlich arbeiten und mir jederzeit alles, was ich wissen will, von sich aus zum Bewußtsein bringen.

Mein Gedächtnis arbeitet zuverlässig und fehlerlos, so daß mir alles, was ich benötige, stets im rechten Augenblick gegenwärtig ist. Ich kann mich auf mein gutes Gedächtnis verlassen.«

Je vorbehaltloser wir unserem Gedächtnis vertrauen, desto eher entdecken wir, daß hinter dem äußeren, hirngebundenen, physischen Gedächtnis ein unermeßliches und unfehlbares *spirituelles Gedächtnis* steht, in dem alles festgehalten und aufbewahrt wird und nichts verlorengeht. Durch die Gewöhnung an Konzentration aktivieren wir mehr und mehr dieses letztere eigentliche Gedächtnis und entwickeln uns im gleichen Maße zu einem Gedächtnismeister.

ZEITMEISTER DURCH KONZENTRATION

Wenn einer mir klagt, er habe *keine Zeit*, drücke ich ihm (falls er es verträgt) mein Bedauern aus! Wenn er dann betroffen nach dem Warum fragt, antworte ich ihm: „Weil Sie Ihren Reichtum freiwillig weggegeben haben." Will er wissen, wieso, versuche ich ihm klarzumachen, daß er a) so, wie er jetzt lebt, weithin an sich selber, seinen Lieben und seinem Glück vorbeilebt und b) in Wirklichkeit nicht an Zeitmangel, sondern an einem *Sehfehler* leidet und statt auf die wenige Zeit, die er hat, auf die viele Zeit, die er nicht nützt, blicken sollte.

Wenn er sich daraufhin umstellt und seine Zeit weiser einzuteilen und bewußter auszuschöpfen lernt, wird er von selbst immer mehr Zeit haben für alles Gute, für das Glücklichsein und für das Genießen des Glücks.

Der Misanthrop in Molière's Lustspiel trifft den Nagel auf den Kopf: „Die Zeit tut nichts zur Sache." Denn Zeit ist relativ und dehnbar und immer das, was man aus ihr *macht*. Man kann aus Minuten so viel herausholen, wie andere aus Stunden. Das ist nur eine Frage der Einstellung und Konzentration, der Einteilung und Gewöhnung. Je mehr Zeit sich einer gönnt und nimmt, desto leichter und rascher geht ihm alles von der Hand. Je weniger er sich um die Zeit sorgt, desto mehr holt er aus ihr heraus – und um so mehr Zeit findet er, *das Glück des Augenblicks* in vollen Zügen zu genießen. Er *hat* etwas von seiner Zeit, während die anderen der Hetz- und Zeitteufel hat.

Sie haben *Pascals* Mahnung überhört: „Sie halten sich niemals an die gegenwärtige Zeit, sondern nehmen die Zukunft vorweg, die ihnen zu langsam kommt, oder rufen sie die Vergangenheit zurück, um sie aufzuhalten. Und so irren sie unweise in den Zeiten umher, die ihnen nicht gehören, und versäumen darüber, die einzige zu benutzen, die ihnen gehört, nämlich die *Gegenwart*."

„*Jetzt oder nie!* Ich muß den teuren Augenblick ergreifen!" heißt es im ‚Tell' – und „Jetzt oder nie!" heißt es auch für uns, wenn wir eine Aufgabe erfolgreich meistern und mit dem Leben zurechtkommen wollen.

Die Frage des Talmud: „*Wenn nicht jetzt, wann dann?*" gilt allen, die mit einem Teil ihrer Gedanken in der Vergangenheit oder Zukunft weilen, statt ihr Denken, Wollen und Tun auf den ‚teuren Augenblick' zu richten und die Schätze des *Jetzt* zu heben, zu nützen und zu genießen.

Denn die Vergangenheit ist vorbei, die Zukunft ungewiß; lebendig und fruchtbar ist nur der jetzige Augenblick: in ihm allein sind uns Leben und Welt gegenwärtig und nutzbar. Nur in der Gegenwart können wir unsere Anwartschaft auf das Glück geltend machen, uns bewähren und das Bestmögliche erwarten und schaffen.

Darum nennt *Humboldt* die Gegenwart „eine große Göttin, die selten schnöde ist gegen den, der sie mit einem gewissen Mute behandelt" und das Beste aus ihr zu machen sucht.

Wer sich daran gewöhnt und bejaht: „*Jetzt* lebe ich! *Jetzt* wirke ich mein Glück!", der wird von selbst immer aufgeschlossener für die zahllosen Möglichkeiten des Jetzt und erkennt sie als die einzigen lebensfähigen Keime künftigen Glücks. Je bewußter er, so denkend, das Nächstliegende meistert, desto sichtbarer ordnet sich auch das Fernste und die Sorge um die Zukunft fällt weg. Wer sich an die Gegenwart hält, hat auch in Zukunft Halt und gibt seinem Glück Dauer, soweit dies in einer Welt ewigen Wechsels und Wandels möglich ist.

In solcher Besinnung auf die Bedeutung und die Möglichkeiten der Gegenwart wird uns, zuweilen, auch das *Geheimnis des Jetzt* bewußt: es ist der Punkt, an dem die Zeitlichkeit immerfort die Ewigkeit berührt. Diese Einsicht ist es, die das zeitliche Jetzt verklärt und zum ewigen Jetzt verwandelt. Das meint der Weise, wenn er uns darauf hinweist, daß, wer voll bewußt im Jetzt lebt, wirklich bei sich selber und er selbst ist, zugleich in der Ewigkeit lebt, die ein *ewiges Jetzt* ist . . .

Nur Zeitverkenner und Zeitvergeuder können nicht schlafen, weil die Angst vor dem Morgen sie quält. Anders der Zeitmeister: er bejaht, daß *er, die Zeit und sein innerer Helfer alles meistern,* und so erfüllt er sein Herz mit Mut, sein Gemüt mit Gelassenheit und sein Bewußtsein mit der Bejahung:

„Ich vertraue der Zeit und dem inneren Helfer. Ich weiß und bejahe, daß alles gut ist oder zu etwas Guten hinführt.

Ich glaube an das Kommen des Guten. Ich lasse mich willig von innen her leiten und tue unbesorgt j e t z t das Nächstliegende im Gewißsein, daß ich damit das Rechte tue."

Wer so handelt, ist frei von Zeitmangel und Termindruck, von der Hast und Hetze des Alltags. Er bestimmt seinen Standort und sein Lebenstempo jederzeit selbst und richtet seine Kräfte auf das jeweils Wesentliche. Weil keine Nichtigkeiten ihm Zeit rauben, hat er dazu und für alles Gute immer Zeit.

Und wenn er *nicht* schafft, dann *genießt* er – aber nicht, indem er hinter vermeintlichen Genüssen herjagt (wie der Esel hinter dem Heubüschel, das man ihm an einer Stange vorhält, damit er den Wagen zieht), sondern indem er sich dem bejahend und genießend hingibt, was der Augenblick ihm freundlich blickend darreicht, und daraus Kräfte und Beglückungen schöpft, die seine Arbeit lichter und leichter und ihn selbst zu einem Licht- und Freudenspender für seine Umwelt machen.

ARBEITSINTENSIVIERUNG UND LEISTUNGSSTEIGERUNG

Gewöhnung an Konzentration führt zu zunehmender Arbeitsintensivierung bei abnehmender Anstrengung, zu Höchstleistungen bei Mindestaufwand. Auch *Produktivität* ist in erster Linie Folge und Frucht rechter Sammlung.

Wer an Konzentration gewöhnt ist, folgt dem Ökonomiegesetz und stellt schon bei der täglichen Zielsetzung das Schwierige an den Anfang und das Leichte ans Ende. Hindernissen weicht er nicht aus, sondern sucht sie mit der Einstellung des „*Jetzt* ist die beste Zeit!" gleich im Anfang zu meistern.

Leistungssteigerung erfolgt automatisch, wenn wir uns gewöhnen, 1. alles, was wir tun wollen, jeweils sofort konzentriert und bewußt zu tun, 2. auch die unscheinbarste Arbeit mit Lust und Liebe zu meistern und so gut zu erledigen, daß wir hinterher zufrieden auf sie zurückblicken können.

Stellen sich *Arbeitshemmungen* ein, entspannen wir uns und suchen in der Stille die Wurzeln der Hemmungen aufzudecken und durch bewußte Umschaltung auf entgegengesetzte positive Denk- und Verhaltensweisen auszurotten, wobei wir uns wiederum entsprechender Konzentrationsformeln bedienen.

Bei *Arbeitsunlust,* also der Neigung, eine als lästig empfundene Arbeit hinauszuschieben, oder beim Gefühl des *Unaufgelegtseins* und Unvermögens, eine Aufgabe zu meistern, schalten wir nach erfolgter Entspannung etwa auf folgende Bejahung um:

„Ich kann, will und werde diese Arbeit j e t z t anpacken und erledigen. Ich fühle mich frisch, stark und gut aufgelegt, sie gerade jetzt zu tun. Es macht mir Freude, allen Widerständen zum Trotz diese Aufgabe zu meistern. Meine Kraft und Schaffensfreude wächst fühlbar. Ich nehme die Arbeit sofort in Angriff und werde das Rechte tun, um den Erfolg zu erreichen, der mir gewiß ist!"

Dabei wird das Gefühl auf die Vorstellung der *Leichtigkeit* der zu leistenden Arbeit gerichtet und auf das prickelnde Verlangen, sofort damit anzufangen, um die empfundene innere Überlegenheit als wirklich vorhanden zu dokumentieren. Man atme dabei bewußt alle Müdigkeit und Unlust aus sich hinaus und frische Kraft und Schaffenslust in sich hinein.

Auch die folgende Konzentrationsformel kann dabei helfen:

„Diese Arbeit macht mir Freude. Sie reizt mich, sie gleich anzupacken. Ich fühle die wachsende Neigung, ja Lust, sie sofort in Angriff zu nehmen und zu einem guten Ende zu

führen. Ich gehe ans Werk im Gewißsein, daß mir diese Arbeit Vergnügen bereitet, gelingt und Gewinn bringt."

Dazu abschließend eine Kurzformel, die schon manchen geholfen hat:

„Ich denke, also bin ich! Ich bin, also kann ich! Ich kann, also tue ich's — j e t z t !"

ORDNUNGSLIEBE

Wer zu *Nachlässigkeit und Unordentlichkeit* neigt, wird sein Augenmerk auf die Bewußtmachung seiner latenten Ordnungsliebe richten — wiederum am einfachsten mit Hilfe einer entsprechenden Konzentrationsformel, die eine Zeitlang allabendlich vor dem Einschlafen in der Entspannung und Stille nach innen gesprochen wird:

„Ich werde heute nacht tief und traumlos schlafen und morgen früh um ... Uhr frisch und schaffensfroh erwachen, den neuen Tag kraftbewußt beginnen und a l l e s , was ich mir in meiner Zielsetzung für den neuen Tag vorgenommen habe, in der rechten Reihenfolge und Ordnung gewissenhaft erledigen.

Es macht mir Freude, alles ausnahmslos sorgfältig auszuführen, dabei immer mein Ziel im Auge zu haben und an nichts anderes zu denken. Ich werde jede Aufgabe pflichtgetreu und freudig erfüllen und so jede Stunde des neuen Tages erfolgreich meistern."

Hatten wir bisher vielleicht infolge Dekonzentration über *Mißerfolge* zu klagen, werden wir uns nun vor jedem Unternehmen entspannen und uns nach erfolgter innerer Harmonisierung auf unser Ziel konzentrieren, dabei die Hilfe von innen und den Erfolg als selbstverständlich bejahend.

Diese Einstellung gibt uns zugleich die Ausdauer, die nötig ist, um über tote Punkte beim Schaffen hinwegzukommen und die im Unterbewußtsein steckenden Ursachen der Mißgriffe und Mißerfolge von vornherein auszuschalten – eben durch Konzentration. Denn *Erfolg* ist, was erfolgt, wenn wir richtig, d. h. konzentriert und bewußt denken und handeln.

Stehen wir vor einer besonders großen und *schweren Aufgabe,* wenden wir uns an den inneren Helfer, unser innerstes Selbst, um Rat und Kraft – etwa mit folgender Bejahung:

„Dir, meinem inneren Helfer, vertraue ich. Ich bitte Dich, mir Deinen Rat zu leihen, wie ich diese Aufgabe am besten löse, und die Kraft, sie erfolgreich zu meistern. Mit Deiner Führung und Hilfe, Weisheit und Kraft vermag ich alles. Mit Dir verbunden, bin ich allem gewachsen. Mit Deinem Beistand schaffe ich es. Ich schaffe es und gehe sofort ans Werk!"

Wenn wir alsdann an die Arbeit gehen, *als ob* der viel weiter als unser Wachbewußtsein blickende und tausendmal mehr vermögende Innere Helfer uns als unser Verbündeter zur Seite stehe und unser Denken, Verhalten und Tun leite, zeigt sich bald, daß es in der Tat so ist und daß alles, was mit dieser Einstellung begonnen wird, zum Gelingen führt.

VOM RECHTEN RHYTHMUS

Wichtig ist weiter die Beachtung des jeweiligen Rhythmus einer Arbeit. Jede Tätigkeit hat ihren eigenen Rhythmus – einerlei, ob es sich um geistige oder körperliche Arbeit handelt. Wer das beachtet, vermeidet von vornherein Spannungen und Verkrampfungen und damit Abgespanntheit und Erschöpfung, bleibt also länger auf der Höhe seiner Leistungsfähigkeit.

Dazu gehört auch die Sorge für den rhythmischen *Wechsel von Tätigkeit und Ruhe,* von Arbeitskonzentration und Entspannung. Nur so erreichen wir, daß wir, wenn wir arbeiten, *ganz* dabei sind, und wenn wir ruhen, *ganz* entspannen und ausspannen.

Es ist dann umöglich, daß uns die Probleme der Arbeit, die

Sorgen des Geschäfts noch bis in die Zeit der Erholung und in den Schlaf hinein weiter verfolgen und belasten, weil wir diese Dinge bereits in der abendlichen Zielsetzung für den neuen Tag gelöst und erledigt haben.

Emerson betont mit Recht, daß wir, wenn wir unser Tagewerk beendet haben, es damit auch gut sein lassen sollen, denn „Du hast getan, was Du konntest. Und wenn auch noch manches anders sein könnte, vergiß es dennoch so schnell, wie Du kannst! Morgen ist ein neuer Tag: beginne ihn voll und ernsthaft und mit jener hohen Einstellung, von der Du glaubst, daß sie Dir vielleicht heute fehlte. Der Tag und der Augenblick, den Du gerade lebst, ist zu wertvoll mit all seinen Hoffnungen und Möglichkeiten, als daß Du einen Moment mit Gedanken an das Gestern oder Vorher verschwendest."

Ob wir arbeiten, lesen, reden – immer werden wir das, *was* wir tun, in dem Moment, *wo* wir es tun, voll, ganz und *bewußt* tun, ganz bei der Sache sein, mit Leib und Seele, und versuchen, unseren eigenen inneren Rhythmus in unsere Arbeit hineinzutragen. Dann gelingt sie uns.

Jeder Gedanke hingegen, den wir dabei anderen Aufgaben und Dingen, zukünftigen Sorgen, fremden Angelegenheiten, früherem Ärger zuwenden, reißt uns aus diesem Rhythmus heraus.

Rechter Rhythmus ist Einheit von körperlichem und geistigem Rhythmus. Der gedankliche Rhythmus dauert immer genau so lange, wie die jeweilige Arbeit dauert. Ist sie beendet, dann wird auch der gedankliche Rhythmus ausgeschaltet, da es sonst nicht möglich ist, die *neue* Aufgabe vom ersten Augenblick an mit der gleichen Konzentration erfolgverbürgend anzupacken.

Denken, Fühlen, Wollen und Tun müssen stets zeitlich und örtlich zusammenfallen, eine unzertrennbare Einheit bilden. Die Sorge für die Erhaltung dieses Rhythmus ist eine der Notwendigkeiten, deren Beachtung uns instandsetzt, unberührt vom rasenden Tempo des Lebens mehr in der Tiefe und aus der Tiefe statt auf der Oberfläche zu leben.

ZIELSTREBIGKEIT UND ZIELSETZUNG

Zielstrebig ist, wer seine Gedanken, Blicke und Schritte auf sein Ziel als den augenblicklich einzigen Gegenstand seines Strebens richtet. Das bedeutet, daß er nicht auf frühere Stufen zurück-, sondern vorwärts blickt auf die jeweils nächste Stufe, die ihn dem Endziel näher bringt, und statt sich von Hindernissen beirren zu lassen, seine Kraft und Fähigkeit bejaht, alles zu meistern.

Der Zielstrebige sieht bei allem zuerst auf das Gute und der Zielerreichung Förderliche und läßt es sich dankbar dienen — im Gewißsein, daß das weniger Gute dann von selbst hinter ihm zurückbleibt. Hier gilt, was *Nietzsche* erkannte: „Indem wir *tun, lassen* wir“:

„Mir sind alle jene Moralen zuwider, welche sagen: Tue dies nicht! Entsage! Überwinde Dich! Ich bin dagegen jenen Moralen gut, welche mich antreiben, etwas zu tun und wieder zu tun und von früh bis abends davon zu träumen, und an gar nichts zu denken als: *dies gut zu tun.* — Wer so lebt, von dem fällt fortwährend eins um das andere ab, was nicht zu einem solchen Leben gehört: ohne Haß und Widerwillen sieht er heute dies und morgen jenes von sich Abschied nehmen — vergilbten Blättern gleich, die jedes bewegtere Lüftchen dem Baume entführt —, oder er sieht gar nicht, daß es Abschied nimmt; so streng blickt sein Auge nach seinem Ziel und überhaupt *vorwärts,* nicht seitwärts, rückwärts, abwärts. Unser *Tun* soll bestimmen, was wir *lassen: indem wir tun, lassen wir.*“

An sich folgt jeder *unbewußt* der inneren Zielstrebigkeit seines Wesens, die ein Produkt aus seinen vorherrschenden Gedanken, Gefühlen, Wünschen und Neigungen einerseits und seinen stärksten Eignungen und Anlagen andererseits ist. . . . Aber diese innere Zielstrebigkeit wird nur zu oft aus Unwissenheit von Tageseindrücken und -ereignissen, Wünschen, Begierden und Fremdeinflüssen durchkreuzt.

Das wird erst anders, wenn er sich an *bewußtes Zielstreben* gewöhnt und gelernt hat, auch seine unbewußten Regungen und Strebungen in den Dienst der Zielerreichung zu stellen.

Unter Wettbewerbern mit sonst gleichen Kräften und Fähigkeiten siegt erfahrungsgemäß der, der die größere Geistesgegenwart und Entschlußkraft besitzt. Deren Fundament wiederum sind Zielstrebigkeit und rechte Zielsetzung. Und beide sind Früchte der *Konzentration.*

Wenn die Erfolgreichen sich auch gehäuften Hemmungen und Hindernissen zum Trotz durchsetzen, dann, *weil ihre Zielkonzentration sie mit einem höheren Energiepotential ausstattete.* Ihr beharrliches Zielgerichtetsein löst jene eiserne Durchsetzungskraft aus, die sie über alle Widerstände hinwegschreiten und auch widrige Winde der Zielerreichung dienstbar machen läßt.

Ihr durch die Zielkonzentration unter Hochspannung gehaltenes Wesenskraftfeld wirkt auf die weniger starken konträren Kraftfelder der Wesen und Dinge um sie herum im Sinne einer Umpolung und Gleichrichtung, so daß aus Uninteressierten begeisterte Mitarbeiter oder Anhänger, aus Gegnern oft Förderer eines Werkes werden, hinter dem die geballte Konzentrations-Kraft eines von seiner Aufgabe oder Mission überzeugten Geistes steht.

Unnötig, hinzuzufügen, daß tägliche Zielsetzung und beharrliche Ziel-Konzentration durch Übung zu einer positiven Gewohnheit wird, einem Charakterzug, der den Menschen in seinem Wesen, Wollen und Handeln mehr oder weniger unwiderstehlich macht, und daß die Durchsetzungskraft mit der Gefühlsbetontheit der Ziel- und Erfolgsbejahung wächst.

Natürlich genügt es nicht, ein *allgemeines* Ziel zu haben und es nur hier und da obenhin oder nebenher ins Auge zu fassen. Die inneren Kraftquellen brechen erst auf, wenn wir ein ganz spezielles, eindeutiges, präzises, den Eignungen und Neigungen unseres Wesens gemäßes Ziel ausschließlich und siegüberzeugt anstreben. Erst diese Dauerkonzentration befähigt uns, tote Punkte und Trägheitsmomente spielend zu überwinden, auf Nebensächliches, Unwesentliches willig zu verzichten und *alle* Kräfte und Mittel auf dieses *eine* Ziel hin einzusetzen, bis es erreicht ist.

Die *Zielklarheit* wird dabei durch schriftliches Planen und Festlegen der einzelnen Etappen des Weges zum Ziel erhöht. Zugleich werden durch weise Einteilung der Zeit, der Kräfte und der Mittel Gehirn und Gemüt entlastet. Außerdem weiß der so Handelnde jederzeit, wo er steht, wohin er will, welches der nächste Schritt ist und was dafür an Mitteln und Möglichkeiten eingesetzt werden kann.

Die *Zielsetzung* dient dazu, den Weg zum Ziel gedanklich und schriftlich in allen Etappen und Einzelheiten vorweg zu gehen. Sie ist zugleich der erste und entscheidende Anstoß auf dem Wege zur Erreichung des Ziels, der dem Menschen die nötige Spannkraft, Ausdauer und Erfolgsgewißheit gibt und ihn auch die weiteren Schritte mit der gleichen Sicherheit tun läßt. Sie macht alle Gedanken und Kräfte zu Pfeilen, die ins Ziel treffen.

Wir unterscheiden *kleine und große Zielsetzungen.*

Die *kleine Zielsetzung,* die allabendlich vorgenommen wird, hat den Zweck, das genaue Programm des neuen Tages festzulegen, also dem sonst üblichen mehr zufälligen Durcheinander von Aufgaben und Wünschen ein festes Gerippe zu geben. Zugleich bedeutet dieser Kristallisationsprozeß eine zeitliche Festlegung und Aufeinanderfolge der einzelnen Aufgaben und Vorhaben des kommenden Tages.

Ist so das geistige Programm festgelegt, wird der Ablauf des neuen Tages ein anderer, strafferer und klarerer sein, getragen zudem von der Gewißheit des Fortschritts und Erfolgs. Alle Kräfte sind nun in ganz anderer Weise eingespannt, geschärft, gesammelt, gerüstet, wach und einsatzbereit. Alles, was irgendwie der Erreichung der Tagesziele dienen könnte, wird von ihnen instinktiv erfaßt und benutzt, und zugleich hat man dabei das Gefühl, daß einem aus dem Unbewußten ständig neue Kräfte zuströmen.

Das Erfolgsentscheidende ist dabei aber nicht die Planung und Festlegung des Tagesprogramms, sondern die abschließende *Bejahung der Zielerreichung*, die etwa durch folgende Konzentrationsformel präzisiert und unterbaut wird:

„Ich sehe mein Ziel und meine Aufgaben für den morgigen Tag klar vor mir. Der Weg zum Ziel ist mir in allen Etappen und Einzelheiten lebendig bewußt. Ich werde ihn Schritt um Schritt meistern, und nichts wird mich dabei hindern oder aufhalten.

Alle Kräfte in mir streben zum gleichen Ziel, dienen der gleichen Aufgabe und werden ihre Pflicht unbeirrt erfüllen. Alles, was ich morgen meinem Programm gemäß tue, gelingt mir aufs beste.

Ich werde den neuen Tag rhythmisch beginnen und mit dem gleichen Erfolgsrhythmus beenden und das mir gesteckte Tagesziel mit Sicherheit erreichen."

Was die kleine Zielsetzung für den *Tag* und seine erfolgreiche Meisterung bedeutet, das ist die *große Zielsetzung* für das *Leben:* sie soll uns gewissermaßen die allgemeine Marschroute geben, Konzentration in unser Leben als Ganzes hineintragen, und mit ihr den Geist des Gelingens.

Die große Zielsetzung ist eine Dauerkonzentration, die sich durch unser ganzes Dasein hindurchzieht und es erst zu einem insgesamt bewußten Leben aus dem Geiste erhebt. Das Leben gleicht alsdann dem Erklimmen eines hohen Berges, dessen lockenden Gipfel der Aufwärtsstrebende trotz aller Hindernisse und Aufenthalte immer wieder und immer näher und deutlicher vor sich sieht – bis er ihn erreicht hat, auf ihm steht und alsdann den Blick zu abermals höheren Lebenszielen erheben kann.

Für diese große Zielsetzung, die wir etwa am Anfang jedes Monats und zu Beginn jedes neuen Jahres vornehmen, bedienen wir uns ebenfalls einer die Planung abschließenden Konzentrationsformel etwa wie folgt:

„Ich werde das mir gesteckte Lebensziel unter allen Umständen erreichen. Der Weg dorthin wird von mir allmonatlich und alljährlich in seinen nächsten Etappen festgelegt, und jede dieser Etappen wird mit ständig zunehmender Beharrlichkeit und Zielkonzentration durchschritten.

Ich werde mich auf meinem Wege zur Höhe jederzeit allem gewachsen zeigen und, was auch immer geschieht, mein Lebensziel unbeirrt im Auge behalten und ihm mit jedem Tage, jeder Woche einen Schritt näher kommen.

Mit jedem Schritt vorwärts wachsen mein Mut und meine Kraft. Sie tragen mich mit zunehmender Zielannäherung immer rascher und sicherer voran, bis das Ziel erreicht ist und mir die Möglichkeit gibt, mir abermals höhere Lebensziele zu setzen.

Dank der inneren Führung und des Beistands meines Inneren Helfers habe ich auf meinem Lebenswege heute und fernerhin in jeder Hinsicht in allem, was ich unternehme, Glück und Erfolg!"

KÖRPERBEHERRSCHUNG DURCH KONZENTRATION

Wer mit Hilfe der Konzentration sein Denken und Fühlen, Verhalten und Handeln zu lenken gelernt hat, beherrscht im gleichen Maße auch seinen *Körper* und wird dessen Spannkraft und Frische, Jugendlichkeit und Gesundheit, Kraft und Leistungsfähigkeit laufend steigern.

Das ist durchaus wörtlich gemeint. Ein drastisches Beispiel, wie weit auch die vom Unbewußten bewirkten und regulierten Vorgänge im Körper beeinflußbar und lenkbar werden, mag die oft demonstrierte *Warzenbeseitigung durch Autosuggestion* illustrieren:

Sie besteht in der Konzentration auf die gefühlsbetonte Vorstellung, daß eine lästige Warze, etwa auf der Hand, verschwindet. Jedesmal, wenn man kräftig bejaht: „Die Warze verschwindet" und zur Unterstützung der Konzentration etwa die Warze mit der Zunge oder einem Finger anfeuchtet und sich auf das Gefühl sammelt, daß sie von Mal zu Mal kleiner wird und wegschrumpft, hat das zur Folge, daß die Warze zusammenschrumpft und nach einigen Wochen verschwunden ist.

Daran ist nichts Wunderbares. Die beharrlich wiederholte Vorstellung des Schrumpfens und Verschwindens der Warze hat zur Folge, daß vom Unterbewußtsein her über die vasomotorischen Nerven die feinen Kapillaren zusammengezogen werden, so daß der Warze durch diese Zufuhrkanäle immer weniger Blut zugeführt wird. Schließlich stirbt die Warze, die sonst auf keine andere Weise zu vertreiben war, von selbst ab und verschwindet.

Was sich hier im Kleinen vollzieht, kann auch im Großen erreicht werden, wie die Erfolge der *geistigen Heilweisen* zeigen. Immer wird der Körper sich dem Gedankenbild, das wir in allen Einzelheiten beharrlich im Blickfeld des Bewußtseins festhalten, früher oder später angleichen und zum Abbild des innerlich Bejahten werden.

Entscheidend ist das *geistige Bild,* daß wir von uns und unserem Körper innerlich festhalten und als Wirklichkeit bejahen.

Solche Bejahung sollten wir insbesondere dann vornehmen und intensivieren, wenn wir uns *unpäßlich* fühlen, wobei uns etwa folgende Konzentrationsformel gute Dienste leisten kann:

„Meinem wahren Wesen nach bin ich frei von Schwäche,

Unpäßlichkeit und Krankheit. Mein innerstes Wesen wird von solchen Empfindungen und Zuständen nicht berührt. Der Geist in mir beherrscht den Körper. Seine belebende, erneuernde und heilende Kraft durchströmt mich und erfüllt jede Zelle meines Körpers mit neuer Energie und wachsendem Wohlgefühl. Der göttliche Geist in mir macht und erhält mich gesund. Ich fühle mich wohl und gesund, frisch und stark!“

Müdigkeitsgefühle

Wenn man sich matt und müde, unaufgelegt und schaffensunlustig fühlt, setzt oder legt man sich hin, entspannt sich, sammelt sich auf den ruhigen Atemgang und spricht, wenn das Blickfeld des Bewußtseins von störenden Gedankenbildern frei und das Gemüt ganz still geworden ist, etwa die folgende Konzentrationsformel bewußt in sich hinein:

„Ich bin entspannt und ruhig und in Harmonie mit den Kräften des Alls. Ich fühle, wie neue Lebenskraft in mich einströmt, mich auflädt und stark macht. Ich spüre, wie meine Energie und Schaffenslust wächst. Neue Kraft, neues Leben durchpulst alle Zellen, alle Organe, alle Glieder meines Körpers und erfüllt sie mit Spannkraft und Frische. Ich fühle mich wach und wohl, frisch und frei!“

Während dieser mehrmals – evtl. unter Verwendung der Knotenschnur oder des Pendels – wiederholten Bejahung werden wir uns im Geiste so sehen und fühlen, wie wir uns wünschen, also spürbar frischer, lebhafter, geist- und kraftbewußter und schaffensfroher.

Anschließend erheben wir uns, atmen dreimal tief aus und ein, gähnen evtl. herzhaft, recken und strecken den ganzen Körper und gehen mit neuer Kraft und Frische an die Arbeit.

Trägheit

Körperbedingte *Trägheit* und Bewegungsunlust wird am besten durch eine Zeitlang allabendlich vorgenommene Entspannung mit anschließender Konzentration abgebaut und überwunden, wobei man etwa folgende Konzentrationsformel benutzt und deren Kerngedanken am besten mit in den Schlaf hinübernimmt:

„Ich werde heute nacht gut, tief und traumlos schlafen, morgen früh um . . . Uhr erwachen und mich dann sofort in Leib und Seele ganz wach, frisch und schaffensfroh fühlen. Ich werde mit dem rechten Fuß voran aus dem Bett springen. Es wird mir Freude machen, alles, was der neue Tag an Aufgaben mit sich bringt und an Gelegenheiten zur Bewährung meiner Schaffenslust bietet, unter Einsatz meiner ganzen Kraft bewußt zu meistern!"

Und morgens gilt es dann, beim Aufwachen den gleichen Gedanken zu wiederholen mit dem anschließenden Selbstbefehl: „Aufstehen! Hinein in den neuen Tag! Bewegung und Schaffen macht Freude!"

HEMMUNGSÜBERWINDUNG DURCH KONZENTRATION

In ähnlicher Weise wird die Konzentration in den Dienst der Überwindung *innerer Hemmungen und Verkrampfungen* gestellt. Auch hier gilt es, die Konzentrationsformeln oder dynamischen Bejahungen bei geschlossenen Augen mehrmals – etwa unter Zuhilfenahme der Knotenschnur zwanzigmal – hintereinander während der Entspannung in sich hineinzusprechen und die Verwirklichung des Bejahten zugleich im Geiste vorwegzunehmen und sein Eintreten förmlich zu fühlen.

Da alle Hemmungen und Verkrampfungen aus *Angstgefühlen* und dadurch ausgelösten Spannungen hervorgehen oder mit ihnen gekoppelt sind, gilt es, zuerst diese zu lösen und zu beseitigen. *Alle Ängste,* auch die scheinbar grundlosen, mit ihren Begleiterscheinungen wie Herzklopfen, Erblassen,

Atemnot, Zittern und Schweißausbrüchen sind Folgen von Gedankenfehlschaltungen und durch Konzentration auf positive Vorstellungen und Einstellungen überwindbar.

Bei jedem Auftauchen eines Angstgefühls wird folgende allgemeine Konzentrationsformel gute Dienste leisten:

„Ich weiß und fühle mich innerlich geborgen und sicher, stark und frei – und bin es! Ich spüre das stete Wachsen meiner inneren Kraft und Sicherheit und weiß mich allem gewachsen und überlegen.

Ich bin ruhig und gelassen und gehe unbeirrt meinen Weg. Mein ganzes Wesen atmet Stetigkeit, Ruhe und Stärke.

Ich weiß mich meinem inneren Helfer verbunden und bin durch ihn in Harmonie mit allen lichten Kräften des Alls."

Diese Formel kann beliebig variiert und erweitert werden, wobei darauf zu achten ist, daß alle Formulierungen – auch jene, die der Überwindung spezieller Ängste und Hemmungen dienen – *positiv* sind, also keine Verneinungen zu überwindender Ängste und Widerstände, sondern ausschließlich Bejahungen des Erwünschten enthalten.

Bei *Mutlosigkeit* empfiehlt es sich, sich in der Entspannung auf folgende Bejahung zu sammeln:

„Ich bin erfüllt von Lebensfreude und -kraft, die aus den lichten Tiefen meines Wesens quillt. Sie macht mich mutig und stark und allem überlegen.

Mit jedem Tage wächst mein Lebensmut und meine Erfolgskraft. Ich bin bereit, alles zu wagen, weil ich weiß, daß meine Kräfte um die der Widerstände wachsen, und weil ich am Ende immer der Gewinnende bin! Alles ist gut!"

Wer sich an Konzentration gewöhnt, dabei seines Selbstes bewußt wird und mit sich selber eins ist, der kann nicht mehr dem allen Lebensängsten zugrundeliegenden *Selbstmißtrauen* und der *Selbstunterschätzung* – die sogar in neurotische Selbstherabsetzung und Selbstbestrafungssucht ausarten kann – erliegen, die ihn sich selbst klein und schwach, die Wesen, Dinge und Umstände groß und unbesiegbar wähnen lassen.

Wer noch nicht so weit ist, sollte bei jeder Anwandlung von Selbstunterschätzung mit Hilfe einer entsprechenden Konzentrationsformel den *Mut zu sich selbst* entfachen und ausbauen:

„Mit jedem Tage bin ich mir deutlicher meiner inneren Kraft bewußt, die mich ausnahmslos alles überwinden und meistern läßt.

Ich weiß mich im Schutze des Inneren Helfers geborgen. Mit ihm verbunden, bin und bleibe ich allem überlegen!"

Schüchternheit

Auch die aus der Selbstunterschätzung und Ängstlichkeit quellende *Schüchternheit* und Selbsthemmung, die den Kontakt mit der Umwelt stört und erschwert, wird durch Anwendung einer entsprechenden Konzentrationsformel unwirksam gemacht und beseitigt. Sie kann etwa wie folgt lauten:

„Ich bin heute und alle Tage voll Mut und Kraft. Ich bleibe in jeder Lage ruhig, sicher und überlegen. Ich trete jedem Menschen und jeder Situation positiv und wohlwollend, frei und froh gegenüber, vom Bewußtsein meiner Kraft und vom Wohlgefühl der inneren Verbundenheit und Sympathie getragen.

Ich bin ein Kraftfeld positiver Energie und als solches allem gewachsen. Ich weiß mich stark und fähig, mit jedem gut auszukommen, mich überall positiv einzusetzen und durchzusetzen und alles zu meistern!"

Erröten

Feiner empfindende oder empfindsame Naturen neigen, auch wenn sie nicht schüchtern sind und an Selbstunterschätzung leiden, zuweilen zu grundlosem und für sie peinlichem *Erröten.*

Auch diese psychosomatische Fehlschaltung läßt sich durch

den Einsatz einer entsprechenden Konzentrationsformel wirksam abstellen.

Eine unbewußte Fehlschaltung liegt hier insofern vor, als das Erröten ja erst durch den furchtbetonten *Gedanken,* daß man erröten werde, ausgelöst wird, also durch die Hinwendung der Aufmerksamkeit auf die Möglichkeit des Rotwerdens. Diese Fehlschaltung und Fehlhaltung stellen wir schon im Augenblick des Bewußtwerdens ab durch sofortige Umschaltung auf eine positive Vorstellung, etwa, indem wir, nach innen gewendet, folgende Bejahung bewußt in uns hineinsprechen und zugleich unser ganzes Fühlen auf die *Füße* konzentrieren:

„Mein Blut strömt fühlbar in die Füße hinab. Meine Beine und Füße werden auf einmal ganz warm und schwer, während mein Kopf entspannt und leicht wird, frei und klar, und meine Stirn kühl wird. Ich fühle mich entspannt und frei, von innen her sicher und stark und allem überlegen."

Stottern

Auch die bei Ängstlichen, sich selbst Unterschätzenden, an Schüchternheit und Kontaktschwierigkeiten Leidenden oder zu neurotischen Anwandlungen Neigenden schon bei leichten Erregungen auftretenden Störungen des Sprachzentrums und Verkrampfungen der Sprechwerkzeuge beim Aussprechen einzelner Laute und Silben, die sie ins *Stammeln* oder *Stottern* geraten lassen, können durch Gewöhnung an Konzentration überwunden werden.

Schon die Übung der *Entspannung* kann die Erregung dämpfen und die Neigung dazu abbauen, so daß man ruhig bleibt und sich klar auszudrücken vermag. Noch mehr hilft hier tiefes Atmen, Gewöhnung an *Kraftatmen* und bewußte Umschaltung auf *langsames Sprechen.* Die endgültige Befreiung wird durch eine längere Zeit hindurch angewandte Konzentrationsformel herbeigeführt, etwa diese:

„Ich bin jetzt und jederzeit ruhig, absolut ruhig und ge-

lassen. Ich spreche darum langsam und leicht, ruhig und richtig. Ich spreche stets bewußt, langsam und deutlich, fließend und gut. Meine Worte gehen mir jederzeit glatt vom Munde.“

Mißlaune

Schließlich ist hier noch der aus unbestimmten Ängsten entspringenden mannigfaltigen *Mißgefühle* und der durchgehenden *Mißlaune* zu gedenken, die durch die allabendlichen Zielsetzungen und anschließenden Bejahungen überwunden werden können. Gute Dienste kann dabei folgende Bejahungsformel leisten:

„Ich werde heute nacht gut, tief und traumlos schlafen, morgen früh um . . . Uhr frisch, neugestärkt und gut gelaunt erwachen und sofort mit dem rechten Fuß aus dem Bett in den neuen Tag hineinspringen. Ich werde morgen den ganzen Tag hindurch jedem Menschen ein freundliches Gesicht zeigen, jede Aufgabe und jede Schwierigkeit anlächeln und mit frohem Mut anpacken und meistern.

Ich werde mich morgen allem gewachsen zeigen und in freudigem Wirken den ganzen Tag so harmonisch, sonnig und erfolgreich wie möglich gestalten.

Morgen wird alles, was ich denke, fühle und tue, mich froh stimmen und zum Gelingen führen!“

Wenn man dies eine Woche hindurch befolgt hat, wird man die Stimmungsaufheiterung und Leistungssteigerung schon dankbar verspüren, und auch die Umwelt wird die positive Wandlung erkennen und froh begrüßen.

KRÄFTEMEHRUNG DURCH KONZENTRATION

Praktisch läuft jede Übung der Konzentration auf die Aktivierung und Mehrung der zur erfolgreichen Meisterung des Alltags zur Verfügung stehenden Kräfte hinaus. Wenn man einmal begriffen hat, wie weitgehend alles von der Bewußtheit, positiven Ladung und Dynamik der angewandten Bejahungen abhängt, ist diese Kräftemehrung durch innere Sammlung kein Problem mehr.

Wann immer einer sich schwach, verstimmt, erschöpft, kraftlos, anfällig oder kränklich fühlt, gilt es, die innere Kraft zu bejahen, bis sie auch den Körper fühlbar durchpulst und neu belebt. Dazu kann etwa diese Konzentrationsformel verhelfen:

„Meinem inneren Wesen nach bin ich stark, frei und gesund – ein Kraftfeld unausschöpfbarer Energien und Möglichkeiten. Diese meine Innenkraft kommt mit jedem Tage und in jeder Hinsicht auch körperlich immer spürbarer als strahlende Lebenskraft, Gesundheit und Schaffensfreude zum Ausdruck!“

Wie gesagt, liegt es im Wesen der Konzentration, daß sie die bei den Meisten nach allen Seiten zerstreuten und insoweit leerlaufenden Kräfte auf *einen* Punkt sammelt und unmittelbar spürbar macht, sowie man die so akkumulierte Energie einer einzigen Aufgabe dienstbar macht.

Das tun die meisten Menschen nicht. Obwohl alle Könner mahnen: „Sammle Dich zu jeglichem Geschäfte, nie zersplittre Deine Kräfte!“, neigen die meisten dazu, sich in ihren Gedanken und Handlungen gleichzeitig mit *mehreren* Dingen zu befassen, wobei zumeist weder das eine noch das andere recht gerät.

In dieser Neigung werden sie bestärkt durch die offenbare Fähigkeit Einzelner, sich auf mehrere Dinge zugleich zu konzentrieren, etwa zu gleicher Zeit einen Brief zu schreiben, ein Telefongespräch zu führen und daneben im Kopf noch Überlegungen oder Berechnungen anzustellen.

Die so handeln, berufen sich vielleicht auf den japanischen Psychologen T. *Kajiyama,* der anhand von Gehirnkontrollen festgestellt habe, daß selbst bei einem konzentrierten Menschen nur 20 Prozent seines Geistes voll in Anspruch genommen seien. Mit dem Rest seines Bewußtseins nehme er weiter Umwelteindrücke, Lärm, Bewegungen usw. auf, die seine Konzentration beeinträchtigen.

Praktische Versuche führten ihn nun dazu, auch die bisher nicht beschäftigten Teile des Geistes auf bestimmte Aufgaben zu konzentrieren, wobei er es in jahrelangen Selbstversuchen soweit brachte, daß er bis zu vier verschiedene Tätigkeiten gleichzeitig konzentriert ausführen konnte. Er bewies diese *Vierfach-Konzentration* vor japanischen Universitätsprofessoren, indem er gleichzeitig mit der rechten *und* der linken Hand verschiedene Texte schrieb, sich mit einem Partner über ein schwieriges philosophisches Problem auseinandersetzte und daneben noch eine Kubikwurzel ausrechnete ...

Auch bei uns treten immer wieder Menschen auf, die mehrere Dinge gleichzeitig erledigen können und es dabei – etwa als Zirkusschaunummer – zu erstaunlicher Fertigkeit gebracht haben und von der Umwelt bestaunt werden. Warum aber bringen die anderen diese Mehrfachkonzentration nicht fertig? Weil solche Sonderleistungen eine Voraussetzung haben, die Prof. Kajiyama und die anderen Konzentrationskünstler erfüllten: die Fähigkeit, sich zunächst einmal auf *ein* Ding voll und ganz zu konzentrieren!

Der Ungesammelte bemüht sich vergeblich, zwei oder mehr Dinge gleichzeitig richtig auszuführen; im besten Falle wird er sie, bewußt oder unbewußt, in kleinsten Teilstücken *hintereinander* und – durcheinander ausführen. Erst der in der Gedankenkonzentration Geübte ist fähig, vom Scheinwerfer der Aufmerksamkeit zwei und mehr Strahlen auf ebensoviele Objekte oder Aufgaben zu richten, also den *Richtstrahler des Bewußtseins* gleichzeitig in zwei und mehr Richtungen zu betätigen.

Nur der in sich Gesammelte, der durch planmäßige Übung seines Konzentrationsvermögens zum Herrn seiner Gedankenkräfte und Willensstrebungen geworden ist, kann dies ohne Gefahr tun, während der Ungesammelte durch solche

Versuche nur seine Aufmerksamkeit zersplittert und sein Konzentrationsvermögen schwächt.

Dennoch enthalten die Feststellungen Prof. Kajiyamas eine auch für unseren Gedankengang wertvolle Erkenntnis: Er empfiehlt als Vorübung den Versuch, gleichzeitig mit der rechten und der linken Hand zu schreiben. Daran ist richtig, daß jeder gut tut, *Schreibübungen auch mit der linken Hand* vorzunehmen und überhaupt *die linke Hand mehr als bisher bewußt zu allen Tätigkeiten heranzuziehen*, die bisher gewohnheitsmäßig meist *rechts* erledigt werden. Durch die bewußte Übung der linken Hand werden brachliegende Partien der rechten Gehirnhälfte aktiviert, was praktisch auf eine Erhöhung des Leistungsvermögens hinausläuft.

Auf Grund eigener Versuche mit Schreibübungen der linken Hand und anderen Übungen, die der stärkeren Einschaltung und gewohnheitsmäßigen Betätigung der linken Hand dienen, konnte ich eine unzweifelhafte Erhöhung der geistigen Wachheit und Leistungsbreite feststellen, größere Aufnahmefähigkeit für Wissenstoffe aus ganz verschiedenen Sachgebieten, verbunden mit einem gesteigerten Sinn für Harmonie und für die praktische Anwendung des Gelernten.

Zwar hatte ich noch keine Gelegenheit, Prof. Kajiyamas Behauptung nachzuprüfen, daß der Gebrauch der linken Hand rechtsseitige Kopfschmerzen beseitige und daß Stotterer bei ständigem Gebrauch der linken Hand infolge der dadurch bedingten Anregung des rechtsseitigen Sprachzentrums im Gehirn die Sprachstörungen verlieren; aber ohne Zweifel ist die Übung der linken Hand ein weiteres Mittel zur Erhöhung des Konzentrationsvermögens (das natürlich trotzdem geschult werden muß) und der geistigen Leistungskraft und zur Erweckung bisher unentwickelter Anlagen.

Im übrigen ist die Feststellung des japanischen Psychologen, daß ein konzentrierter Mensch nur 20 Prozent seines Geistes voll betätige, in dieser Form nicht ganz zutreffend. Lange vor ihm hat der amerikanische Physiologe und Psychologe William *James* klargestellt, daß der Durchschnittsmensch höchstens 10 Prozent seiner geistigen Kräfte und Fähigkeiten entfaltet und nützt und den Rest zumeist zeitlebens unausgeschöpft läßt, wenn nicht besondere Schicksalsschläge bisher unerkannte und ungenutzte Kräfte aktivieren. Bei Gewöhnung an *Konzentration* und bewußtes Leben aus dem Geiste kann er aber, wie im Anschluß an diesen Konzentrationsleitfaden in meiner *„Neuen Lebensschule"*, und dort vor allem auf der Oberstufe im Band „Selbstverwirklichung und innere Führung"*) ausführlich an Hand praktischer Anleitungen dargetan ist, bis zu 50 Prozent und mehr seiner geistigen Kräfte aktivieren und nützen, also praktisch das Vielfache von dem leisten, was der Durchschnittsmensch zuwege bringt.

Wir berühren damit bereits das eigentliche Hochziel aller Konzentrationsbemühungen: die Frage der Selbsterziehung und Selbstverwirklichung des Menschen.

SELBSTERZIEHUNG DURCH KONZENTRATION

Alle Selbsterziehung läuft darauf hinaus, daß man die *positive Dynamik der Aufbaukräfte der Seele* in wachsendem Maße mobilisiert und immer bewußter und umfassender in den Dienst fortschreitender Höherentwicklung und Lebensmeisterung stellt.

Eine natürliche Folge dieser inneren Arbeit ist der schrittweise Abbau aller Mißgefühle, Schwächen und Fehler, die uns noch anhaften. In erster Linie werden wir eine etwa noch vorhandene Bereitschaft oder Neigung zu negativem Reagieren, *zum Ärgern, Erregt- und Zornigwerden* durch bewußte

*) *„Neue Lebensschule.* Ein Jahresplan der Lebens- und Erfolgsbemeisterung in 52 Wochenlektionen". Von K. O. Schmidt (7. Auflage in zwei Bänden mit Ergänzungsband: *„Selbstverwirklichung und innere Führung"*, zus. 1180 Seiten, Baum-Verlag, Pfullingen/Württ.)

Züchtung positiver Tendenzen abbauen und zum Verschwinden bringen.

Ist einer beispielsweise leicht verstimmt und erzürnt, wird er sich bei der seelischen Umstimmung etwa folgender Konzentrationsformel bedienen:

„Ich werde mit jedem Tage und in jeder Beziehung ruhiger und gelassener. Ich bin auch jetzt ruhig und unbewegbar wie ein Fels im Meer. Nichts ist wert und fähig, mich zu erregen. Ich bin in Harmonie mit mir selbst, mit der Umwelt und mit dem Ewigen in mir und über mir.

Die Kräfte der Harmonie und Einheit erfüllen mein Gemüt und machen mich wohlgestimmt und gütig gegen alle Wesen, ruhig und gleichmütig gegenüber allem Geschehen, mag es sein, was es will!

Ich ruhe in mir selbst und atme Kraft, Ruhe und Frieden! Friede allen Wesen!"

Wenn man das eine Weile geübt hat, so daß die Umschaltung von aufquellendem Ärgergefühl auf Ruhe und Frieden immer leichter fällt, kann die Konzentrationsformel schließlich auf ein Stichwort reduziert werden derart, daß man beim Bewußtwerden eines Mißgefühls oder einer Erregung sofort auf Kraftatmen umschaltet und dabei bejaht: „Ruhe, Ruhe, Ruhe, Frieden, Frieden, Frieden!" und fühlt, wie die ausgleichende und harmonisierende Kraft des Friedens, der Seelenruhe und Gelassenheit in einem aufströmt, einen erfüllt und immun macht gegenüber allen Einflüssen von außen.

Nervosität

Auch die Zeitkrankheit *Nervosität,* d. h. die aus der Gewohnheit ständiger Spannung erfließende Stimmungslabilität, Fahrigkeit, Überempfindlichkeit und Reizbarkeit mit ihren psychosomatischen Folgeerscheinungen (Erröten, Erblassen, Herzklopfen, Appetit-, Verdauungs- und Schlafstörungen, Allergien und anderen neurotischen Reaktionen), verliert sich von selbst, wenn man sich an Entspannung und Konzentration gewöhnt.

Entweder entdeckt man dann selbst oder stellt die Umwelt fest, daß man ruhiger und selbstsicherer geworden ist, ausgeglichener, freundlicher und gelassener. Dieser Prozeß kann mit Hilfe entsprechender Bejahungen weiter vorangetrieben und gesteigert werden, etwa durch diese:

„Ich bin ruhig und unbewegt wie ein Fels im Meer: wie dieser im Untergrund, so bin ich mit meinem inneren Wesen in der unbewegten Ruhe des Göttlichen verankert und geborgen.

Ich bin Herr meiner Gedanken, Gefühle und Kräfte und meiner inneren Harmonie und Einheit mit dem Ewigen bewußt. Ich bin eins mit meinem ewigen Selbst. Ich bin Stille und Ruhe, Harmonie und Kraft!"

Wird man vom Gefühl einer *unerklärlichen inneren Unruhe und Unsicherheit* gepeinigt, die man nicht näher umschreiben kann, empfiehlt es sich, die obige Konzentrationsformel wie folgt abzuwandeln:

„Tief in mir, im innersten Zentrum meines Wesens, herrscht die Ruhe und der Friede des Ewigen. Ich weiß mich von innen her beschützt und geborgen und bin darum wie innen so auch nach außen hin die Ruhe selbst.

Mit jedem Tage spiegelt sich die innere Harmonie meines Wesens deutlicher in meinem Verhalten und Handeln. Ich bin in jeder Hinsicht ausgeglichen und ruhig, harmonisch und glücklich.

Alles, was ich tue, verrichte ich im Gewißsein meiner absoluten inneren Geborgenheit und meines gleichmäßigen Fortschritts. Alles, was ich unternehme, bringt mich voran und führt zum Gelingen. Alles ist gut! Friede allen Wesen!"

Willensschwäche

Zu den Eigenschaften, die die Selbständigkeit und Selbstbestimmung des Menschen einschränken und seine Durchsetzungs- und Erfolgskraft herabsetzen, gehört schließlich die Neigung, aus Angst, Bequemlichkeit oder Schlappheit lieber *nachzugeben* und anderen ihnen nicht zustehende Rechte einzuräumen, statt geduldig auszuharren, seinen Stand zu halten und das Vorgenommene ebenso selbst- und zielbewußt wie unbeirrt zu Ende zu führen.

Es handelt sich hier um das, was fälschlich als *Willensschwäche* bezeichnet wird, in Wirklichkeit aber nur Folge von Willens*fehlschaltungen* ist. Denn an sich ist der Wille – die Fähigkeit bewußter Selbstbestimmung, freier Entschlußfassung und -ausführung – als Urkraft und Grundfunktion des menschlichen Wesens immer gleich stark, aber durch Selbstunterschätzung und negative Zielsetzungen blockierbar mit der Folge, daß man dann leichter fremden als eigenen Willensimpulsen folgt.

Auch dagegen ist die Konzentration der beste Schutz, und zwar wiederum mit Hilfe entsprechender *Bejahungen*, die man eine Zeitlang allabendlich im Bett in der Entspannung und Stille sowie tagsüber vor dem Spiegel – wobei man sein Spiegelbild fest anblickt – oder auch mit Hilfe der Knotenschnur oder des Pendels bewußt leise in sich hineinspricht, etwa wie folgt:

„Ich bin Herr meiner selbst und weiß und wirke, was ich will. Als willensstarker Mensch bin ich fähig, unbeirrt bei dem zu verharren und das durchzuführen und durchzusetzen, was ich als gut und richtig erkannt und mir zum Ziel gesetzt habe.

Ich lasse das Ziel meines Wollens unter keinen Umständen aus dem Auge. Denn ich weiß, daß ich das Rechte will und daß Nachgeben Selbstschwächung und Unrecht bedeutet.

Ich will, weil ich kann! Und ich kann, was ich will!"

LEBENSBEMEISTERUNG DURCH KONZENTRATION

Der konzentrierte Mensch wird von selbst zum Gesetzgeber seines Lebens. Er tut, was er will — und das ist das, was er als das Rechte und für alle Beste erkannt hat, worauf er sich angelegt, wozu er sich berufen und befähigt fühlt.

Die Übung der Konzentration dient ihm nicht nur zur Selbsterziehung, sondern auch zur Sicherung der Lebensmeisterung. Sein geistiges Kraftfeld erweitert sich ständig und gewinnt an Macht — mit der Folge, daß er von der Umwelt unbewußt und unwillkürlich als starke Persönlichkeit, als einflußreiches Kraftzentrum empfunden und anerkannt wird und daß die anderen ihm zunehmend Sympathie und Vertrauen entgegenbringen, seinen Gedanken und Wünschen williger folgen und sich gern von ihm leiten lassen. Sie spüren, daß sie im Wirkungsbereich seines Wesenskraftfeldes positiver und zuversichtlicher gestimmt, zum Schaffen aufgelegter und leistungsfähiger sind.

Der konzentrierte Mensch wird unmerklich zum Mittelpunkt des Kreises, in dem er sich bewegt und lebt. Die Umwelt spürt das sonnenhaft Anziehende und zielstrebig Dynamische seines Wesens. Sie fühlt, daß er nicht nur wacher ist als der Durchschnitt, sondern auch positiver, willensstärker und insgesamt erfolgreicher.

Für den, der an Konzentration gewöhnt ist, ist es unmöglich, anders als erfolgreich zu leben. Er ist ein Meister der Erfolgsvorwegnahme. Bei allem, was er unternimmt, bejaht er von vornherein, daß es sich bestens entwickelt, daß er überall Helfer findet und daß ihm alles gelingt.

Erfolgs-Vorwegnahme

Wenn er Fabrikant ist, sieht er im Geiste schon vorher, wie die Aufträge hereinströmen und die Kunden ihre Zufriedenheit durch Nachbestellungen bekunden. Als Kaufmann ist er auf das Bild steigender Umsätze konzentriert. Als Arbeiter, Angestellter oder Handwerker bejaht er, daß seine Geschicklichkeit, Tauglichkeit und Tüchtigkeit zunimmt und ihm Anerkennung, höhere Einkommen und Stellungen einträgt ...

Als Schriftsteller, als Erfinder oder Wissenschaftler bejaht er, daß ihm zunehmend neue Einsichten und gute Einfälle zufließen, wie den ersten neue, größere Erfolge nachfolgen und wie die beharrlich gehegten Zukunftspläne Schritt um Schritt ihrer Verwirklichung entgegenreifen ...

... Jeder schafft auf solche Weise um sich herum ein anziehend wirkendes *Kraftfeld positiver Gedanken- und Willens-Tendenzen,* das mehr und mehr Gutes und Förderliches in seinen Bannkreis zieht. Dieses Kraftfeld kann durch entsprechende Konzentration und beharrliche Bejahung so mächtig werden, daß es nicht mehr von anderen bestimmt werden kann, sondern vielmehr andere Wesen im guten Sinne und zu deren Bestem umstimmt und seiner eigenen Schwingungsfrequenz gleichstimmt.

Dieser Prozeß kann durch zusätzliche Methoden noch weiter getrieben und in seiner Wirkung potenziert werden. Man kann, wie man bestimmte Erfolge im Geiste vorwegnimmt, auch die *umstimmende Macht des eigenen Wesenskraftfeldes in bestimmten Richtungen im Geiste vorausbestimmen,* wie dies – um ein Beispiel aus vielen anzuführen – der britische General Charles George *Gordon* (1833–1885) meisterhaft verstand, der durch seine Erfolge bei der Bekämpfung der Sklavenhändler und bei der Unterwerfung der wilden Stämme am oberen Nil-Ufer mit den Grund zur Bildung des heutigen ägyptischen Staates legte. Er wurde wegen dieser und anderer Verdienste 1877 zum Pascha ernannt, und drei Jahre nach seinem Tode, 1888, wurde ihm zu Ehren in London ein Denkmal errichtet.

Das Geheimnis seiner außergewöhnlichen Macht über andere Menschen bestand darin, daß er, etwa bei wichtigen

Verhandlungen mit feindlichen Stammes-Häuptlingen, sich am Abend vorher im Bett entspannte, sich auf den feindlichen Häuptling konzentrierte und sich im Geiste freundschaftlich mit ihm aussprach.

Er sah dabei den Verhandlungspartner sozusagen leibhaftig vor sich, sprach im Sinne einer friedlichen Verständigung auf ihn ein und bejahte dabei, wie sich die zunächst abweisenden Züge des Gegners mehr und mehr glätteten und wie dieser ihm schließlich zustimmte.

Gordon gestaltete diese lebendige innere Vorwegnahme des Ablaufs und des Ergebnisses der bevorstehenden Verhandlung zur Erhöhung der Gefühlsbetontheit seiner Bejahungen bewußt dramatisch aus, wobei er sich vorstellte, wie er die Erregung des anderen mit freundlicher Gelassenheit behandelte, bis die Verständigung erreicht war.

... Mit dieser abschließenden Bejahung der Einigung schlief er dann ein. Und das Ergebnis war jedesmal, daß die Verhandlung am folgenden Tage sich entgegen den Befürchtungen seiner Begleiter auffallend ruhig und friedlich abwickelte und zu dem von ihm gewünschten Erfolg führte. –

Diese Methode der geistigen *Erfolgs-Vorwegnahme* in der Entspannung und Sammlung kann vielgestaltig angewandt werden. Ihr Erfolg hängt vom Grade der Konzentration und Gefühlsbetontheit der dabei festgehaltenen Bejahung – die immer auch Bejahung der Person des oder der Verhandlungspartner sein muß – und von der positiven, gläubigen und liebenden Einstellung ab, die den seelischen Kontakt herbeiführen hilft.

Das gleiche Verfahren läßt sich auch anwenden, um einen unerquicklichen Streit, eheliche Zerwürfnisse oder alte Feindschaften erfolgreich aus der Welt zu schaffen. Man wird dabei immer wieder beobachten, daß ein Mensch nichts leichter wird als das, wofür er sich im tiefsten Innern gehalten fühlt, und daß freundlich-liebevolle Bejahung unwillkürlich mit Aufgeschlossenheit und Entgegenkommen beantwortet wird.

Schon die erhöhte Strahlkraft seiner Gedanken ermöglicht dem konzentrierten Menschen die raschere Herstellung sympathischer Kontakte mit anderen Menschen. Kraft der Reichweite seines geistigen Strahlungsfeldes fühlt er sich mit Recht als eine S o n n e , der sich die Wesen um ihn infolge ihres natürlichen Lichtsehnens unwillkürlich zuneigen, zuwenden und anschließen. Wenn er diese sonnengleiche Stellung beharrlich bejaht und die Menschen um ihn herum mit Kraftwellen der Sympathie und Freundschaft überstrahlt, werden sie sich ihm mehr oder weniger innerlich gleichrichten und sich entsprechend positiv verhalten.

So kommt es, daß, wie viele Erfolgreiche bestätigen, der in sich gesammelte Mensch infolge der positiven Ladung seines Wesenskraftfeldes von selbst an die Spitze rückt, sich eine Sonderstellung oder Monopolstellung schafft und auf seinem Gebiet der Erste, der Führende wird, der die ihm eigenen Kräfte und Fähigkeiten zu höchster Entfaltung und Wirksamkeit bringt.

Gleichmut und Gelassenheit

Er weiß, daß eine Hauptgefahr für Gesundheit, Spannkraft und schöpferische Leistungskraft die Neigung ist, sich von der allgemeinen Hast und besinnungslosen Jagd nach dem Glück mitreißen zu lassen.

Denn *Hast* heißt dem Wortsinne nach ‚Streit' und führt zu innerem Widerstreit, zur Zersplitterung, Spaltung und Schwächung der inneren Kraft. Rückert mahnt darum mit Recht: „Sei hastig nie, auch wo Du Hast hast; denn seine Ruh' behält, wer Hast haßt." Er bleibt gelassen und hat die größere Aussicht, seine Lebensziele zu erreichen.

Man spricht heute viel von der ‚Manager-Krankheit' und meint damit die Tendenz, sich durch die drei ‚T' – Termine, Telefon und Tempo – tyrannisieren zu lassen und sich durch die drei ‚U' – Unrast, Unruhe und Ungeduld – umzubringen. Wo die Warnsignale der Natur – Kopfschmerz, Appetit- und

Schlaflosigkeit, hoher Blutdruck, Nervosität und Reizbarkeit — fühlbar werden, sind sie ein Ruf zur Umschaltung auf Ruhe und Gelassenheit, für die es nie zu spät ist.

Was sie anraten, ist dies: Mach Schluß mit der Hast und besinne Dich auf die Wahrheit, daß, wer langsam geht, sein Ziel oft leichter erreicht. Blicke weniger auf Uhr und Terminkalender und mehr auf Dich selbst: sieh *in Dich hinein* und *über Dich hinaus* auf Deine Harmonie mit dem Unendlichen. Wirke dem nervösen Drang nach Tun durch zeitweises Nichttun entgegen. Gönne Dir jede Stunde einige Minuten und jeden Tag eine Stunde der Ruhe; dann gewinnst Du mehr Kraft und Gesundheit und meisterst Deine Aufgaben doppelt so leicht.

Noch leichter meisterst Du sie, wenn Dir die *Konzentration* zur lieben Gewohnheit und ersten Natur wird. Denn die Folge der Sammlung ist jener *Gleichmut der Seele,* der *Ausgeglichenheit* und *Mut* zugleich ist und jederzeitige Überlegenheit aus Selbstsicherheit verbürgt — verbunden mit einem Wohlgefühl, das aus Wohlsein, Wohlwollen und Wohltun entspringt.

Dieser Gleichmut erblüht aus dem Gewißsein der Ewigkeit des Innern, das den Bann der Zeit und der flüchtigen Dinge bricht. Vergangenes, Gegenwärtiges und Künftiges ist dem Gleichmütigen gleich wert und lieb, das Ferne wie das Nahe, das Große wie das Kleine. Denn er weiß sich mit allem *eins* und im gleichen Maße frei von Ichhaftigkeit und Eigensucht, von Zu- und Abneigung, Gier und Haß, Furcht und Schmerz.

Dennoch ist dieser gelassene Gleichmut weder Gleichgültigkeit noch Lässigkeit, sondern dynamische Aktivität, kraftbewußtes Leben aus dem Geiste. Zugleich ist es das, was Lao-Tse ‚Tun im Nicht-Tun' nennt und was der Mystiker anrät: *Laß Dich — Dein kleines Ich — los und laß Gott — durch Dich — tun!* Hinter dieser Haltung steht das Bewußtsein, daß man als Kind Gottes, des Geistes des Lebens, auf ewiges Wachstum angelegt ist, auf fortschreitendes Größer- und

Besser-, Reicher- und Vollkommenerwerden, und daß man allezeit aus einer Fülle schöpft, die kein Ende hat.

Diese Gewißheit leitet den Schritt und weitet den Blick ins Kosmische und trägt in alles, was man denkt und tut, jenen königlichen Zug, der den durch konzentrative Selbstbesinnung zu einem *neuen Menschentum* Erwachten kennzeichnet, der gleichermaßen Meister seiner selbst und seines Lebens ist.

KONZENTRATIVE SELBSTBESINNUNG

> *„Das Reich des Unbewußten kann einmal als das Reich des Bewußten erobert werden; denn man weiß nicht, wie weit die Besonnenheit steigen kann in den höheren Verhältnissen, da sie ja schon in den niederen sich in den großen Unterschieden und Sprüngen von Wilden zu Weltweisen offenbart."*
>
> Jean Paul

Vor etwa einer Million Jahren tat der Mensch den entscheidenden Schritt aus dem Urzustand tierhaften Kaum-Bewußtseins zum personenhaften Ich-Bewußtsein.

Der Vormensch besaß noch kein Ichbewußtsein: er empfand sich als Teil einer Gruppe und wurde vom Urbewußtsein her über das kollektive Unbewußte zu den der Lebenserhaltung dienlichen Handlungen veranlaßt. Er lebte, wie das Kind, noch aus der unbewußten Einheit von Ich und Welt.

Erst als er zum Ich-Bewußtsein erwachte, erfuhr er sich als selbständige schöpferische Einheit neben der Welt und den anderen Wesen, als ‚Person' und *Persönlichkeit*, von der aus Welt und Leben einen neuen Sinn erhielten.

Es ist noch gar nicht so lange her, daß der Mensch einen Schritt weiter ging und hinter dem wachbewußten Ich ein tieferes Bewußtsein entdeckte – eine Schicht, in die das Ich eingebettet schien: das *Unbewußte* oder Unterbewußtsein, unter dem schließlich die noch umfassendere Schicht des *kollektiven Unbewußten* erkannt wurde.

In dieser Doppelschicht des persönlichen und kollektiven Unbewußten sah man bis heute die ‚psychische Urwirklichkeit' und Schatzkammer der schöpferischen Kräfte und Fähigkeiten des Menschen.

Heute nun stehen wir vor und in der Entdeckung einer

noch umfassenderen und zugleich höheren Bewußtseinsschicht, die als der eigentliche Quellgrund der produktiven und genialen Kräfte des Menschen erkannt wurde und mit deren Erschließung eine entscheidend neue Entwicklungsepoche des Menschen beginnt, die Teilhard de *Chardin* ahnte und die Ralph Waldo *Emerson,* Sri *Aurobindo* und andere große Geister der Menschheit voraussagten. Emerson sprach von der Entdeckung der ‚Überseele', Sri Aurobindo vom ‚Überdenken'.

Neugeist nennt diese Bewußtseinsschicht das *Überbewußtsein.* Er kennt darüber hinaus noch höhere Wesensschichten: die des All- und Gottbewußtseins, von denen hier nicht zu sprechen ist. Und er sieht hinter der vergänglichen körper- und ich-gebundenen *Persönlichkeit* als den unvergänglichen Wesenskern des Menschen die geistige *Individualität.*

So viel umfassender diese geistige Individualität des Menschen ist gegenüber der Persönlichkeit, so viel mächtiger ist das Überbewußtsein des inneren Menschen gegenüber dem Wach- und Unterbewußtsein des äußeren Menschen.

Und so viel umfassender der Himmelsraum ist im Vergleich zum mauerumgrenzten Raum der irdischen Dome, Moscheen und Pagoden, so viel größer und dynamischer ist die Erkenntnis und Erfahrung Gottes als des kosmischen Urkraftfeldes aus der Sicht des Überbewußtseins – und ebenso die des Menschen als eines ungeheuer entwicklungsfähigen Geistkraftfeldes und Trägers unzähliger latenter Talente.

Wir stehen heute im Aufgang eines neuen Menschenbildes und vor der Möglichkeit, die Schöpferkräfte des Überbewußtseins im Maße der inneren Wachheit des Einzelnen zu aktivieren und in den Dienst immer vollkommenerer Lebensmeisterung zu stellen.

Den Schlüssel dazu gibt uns die Praxis *konzentrativer Selbstbesinnung.*

Sie erfüllt alles mit einer tieferen Lebendigkeit. Von hier aus erscheinen die Gedanken als belebte Wesenheiten, die geboren werden, wachsen, sich auswirken und ihre Kraft an ihre Nachfahren weitergeben.

Ein Gedanke gleicht einem Lebenskeim, der sich, vom mütterlichen Gemüt bewußt oder unbewußt umhegt und genährt, in der Verborgenheit entwickelt, eines Tages geboren wird, als lebendige Vorstellung aufblitzt und als solche in die Welt hinausgestrahlt wird, wo er sich, je nach seiner negativen oder positiven Ladung und Aktionsrichtung, für den, der ihn geboren hat, und auch für andere Wesen nachteilig oder glückbringend auswirkt.

Wer richtig, bewußt, konzentriert zu denken gelernt hat, umgibt sich mit der Zeit mit einer unabsehbaren Schar hilfreicher und höherführender Gedankengeister, die sich in der konzentrativen Selbstbesinnung zu mentalen Bildekräften, spirituellen Helfermächten, zu ‚Schutzengeln«, weiterentwickeln können oder entsprechende höhere Wesenskräfte und göttliche Mächte als Hüter und Förderer herbeirufen.

GEBET UND KONZENTRATION

Eine Sonderform konzentrativer Selbstbesinnung ist das *Gebet,* die Hinwendung vom Dunkel der Außenwelt zum Licht der Innenwelt, jene Sammlung von Herz und Gemüt auf Gott oder göttliche Attribute, die auf ihrer höheren Stufe als *Meditation* zur Berührung oder auf der der *Kontemplation* zum Einssein mit dem Geist des Lebens und zum bewußten Leben aus dem Geiste führt.

Das Gebet macht den Menschen aufgeschlossen, empfangsbereit und aufnahmefähig für ‚Antworten von oben', für die Erfahrung des über das Menschlich-Irdische hinausreichenden Kosmisch-Göttlichen, für das Erfülltwerden von der verwandelnden und heilenden Kraft des Geistes, für die innere Stimme und das Aktivwerden der inneren Führung.

Konzentration und Gebet fördern gleichermaßen die Entfaltung der schöpferischen Innenkräfte, die wiederum mit spirituellen und kosmischen Kräfteströmen und göttlichen Lichtmächten korrespondieren, sie herbeirufen und zum Wirken bringen.

Wenn die Bibel fordert: „Betet ohn' Unterlaß!“, so meint sie damit nicht gedankenloses Hinplappern von unverstandenen, unlebendigen Worten; denn, wie Angelus Silesius sagt, „Du brauchst zu Gott nicht schrein, der Brunnquell fließt *in Dir.*“ Sie meint vielmehr ständiges Gesammeltsein auf das Göttliche, einen Zustand herzinniger Hingabe, die, wie die zahllosen Fälle von Gebetserhörungen und Glaubensheilungen zeigen, die Verwirklichung des gläubig Bejahten auslöst.

Entscheidend ist dabei die gänzliche Nach-innen-Wendung, die Einsenkung in die eigene Wesenstiefe, die Morgenstern meint: „Mein einziges Gebet ist um *Vertiefung;* durch sie allein kann ich wieder zu Gott gelangen,“ und von der Schiller verheißt: „Aus dem Gebet erwächst des Geistes Sieg“ nämlich dann, wenn die Hingabe im Gebet besagt: „Nicht wie ich will, sondern *wie Du willst!* Dein Wille geschehe — in mir und durch mich!“

SCHÖPFERKRÄFTE DES ÜBERBEWUSSTSEINS

Wie der geistige Arbeiter beim Niederschreiben seiner Gedanken eine wertvolle Hilfe in der Stenographie findet, weil er dann nicht mehr, wie bei der langsamen Kurrentschrift, häufig absetzen und seinen Gedankengang unterbrechen muß, sondern ihn so, wie er dahinfließt, festhalten kann, so erhöht die konzentrative Selbstbesinnung das Aufgeschlossensein für neue Gedanken und Einfälle aus dem Unterbewußtsein und für Inspirationen und Intuitionen aus dem überbewußten Bereich wie auch für die Ratschläge und Weisungen der inneren Führung.

In der Konzentration reißt der Strom der Gedanken keinen Augenblick ab. Die Schöpferkräfte des Überbewußtseins können sich ungestört entfalten, während das Bewußtsein genug damit zu tun hat, alles, was ihm von innen her zufließt, zu fixieren.

Wer dabei sich selbst beobachtet, erkennt, daß die zuströmenden Gedanken und Einsichten aus verschiedenen Bewußtseinsebenen stammen, wie die Zuflüsse einer starken Quelle von verschiedenen wasserführenden Gesteinsschichten her kommen. In glücklichen Augenblicken spürt er sogar, wie einzelne Gedanken von weither kommen, vielleicht einem anderen Bewußtsein oder Unterbewußtsein entsprangen . . .

. . . So erklärt sich's, daß Erfindungen zuweilen von mehreren zugleich gemacht wurden, weil die Strahlkraft eines Gedankens so stark war, daß er von mehr als einem Bewußtsein aufgefangen und in Entwurf und Werk umgesetzt wurde . . .

Je tiefer man hier vordringt, desto deutlicher wird einem, daß der geistige Kosmos genau so von myriaden Lichtgedanken durchpulst wird wie das physische Universum von den Licht- und Radiowellen der Sterne.

Die mentale Fernwirkung der Gedanken reicht weiter als die der Schallwellen der Worte, auch wenn der Mensch zu deren Verstärkung technische Hilfen wie Telefon und Radio hinzuzieht. Die Wirkung der letzteren beschränkt sich auf die Körpersinne, während die ersteren die weit feineren Seelensinne ansprechen und zum Mitschwingen bringen. Praktisch wirkt hier jeder auf jeden, auch wenn dies den meisten infolge mangelnder geistiger Wachheit kaum bewußt wird. Erst in der Konzentrativen Selbstbesinnung wird diese geistige Wachheit und Empfänglichkeit für Gedankenschwingungen und die Fähigkeit der Aktivierung der Schöpferkräfte des Überbewußtseins entwickelt.

Alsdann wird einem als Wirklichkeit bewußt, was bis dahin vielleicht nur Hypothese war: daß jeder Mensch nicht nur in seiner selbstgeschaffenen Umwelt lebt, die ihn als Kraftfeld umgibt und Art und Richtung seines Schicksalsweges bestimmt, sondern auch von seiner Einstellung verwandten wie konträren *fremden* Gedanken-, Gefühls- und Willensimpulsen unablässig berührt und zur Resonanz veranlaßt wird, daß er also in ständiger sympathischer und antipathischer Kommunikation mit anderen Wesenskraftfeldern steht.

Weiter wird klar, daß jeder Gedanke, auf den wir uns konzentrieren, Schwingungen erzeugt und Kraftwellen ausstrahlt (etwa wie ein Ton Schallwellen, ein Körper Wärmewellen aussendet), die im eigenen Unterbewußtsein und in dem anderer Wesen entsprechende Reaktionen auslösen, darüber hinaus aber auch die mentale Atmosphäre der Dinge und der Räume, in denen wir leben, verändern und sich drittens, wie Vögel gleichen Gefieders sich zusammentun, mit verwandten Wellenpaketen zu wirkstarken mentalen Komplexen verbinden, die nicht unzutreffend als ‚Gedankenformen' bezeichnet werden.

Pentice *Mulford* wies wohl als erster darauf hin, daß jeder Gegenstand und jeder Raum gewissermaßen mit einem Niederschlag der vorherrschenden Gedanken der ihn benutzenden Menschen ‚imprägniert', d. h. von einer mentalen Aura umhüllt ist, die von sensitiven Naturen je nachdem als angenehm oder als negativ und abstoßend verspürt wird.

Auch bei konzentrativer Einfühlung spürt man, wie in Räumen, die, wie etwa Gotteshäuser oder Wallfahrtsorte, vorwiegend der Sammlung und Meditation dienen, myriaden positive Gedankenimpulse des Glaubens und Vertrauens, der Anbetung, Liebe und Hilfe zu oft sehr langlebigen geistigen Kraftfeldern von mehr oder minder hochstimmender, mutweckender und heilender Wirkung kondensieren.

Solche Wahrnehmungen machen deutlich, daß die *Gedankenluft*, die wir atmen, genau so real und lebenswichtig ist wie die *physische Luft:* wie diese heute durch Kraftfahrzeug- und Industrieabgase, chemische und radioaktive Substanzen verunreinigt und verseucht ist, so ist die Gedankenluft weithin durch negative, angst-, neid- und haßgeladene Gedankenpartikel vergiftet, weshalb man sich von Räumen, in denen sich vorwiegend negativ oder neurotisch eingestellte Menschen aufhalten, instinktiv abgestoßen fühlt und das Empfinden hat, hier kaum atmen zu können, während man im Meditationsraum eines an Sammlung gewöhnten Menschen das Gefühl hat, in eine Kathedrale einzutreten . . .

Der beste Schutz gegen jede negative mentale Atmosphäre von Wesen, Dingen und Räumen ist, wie schon dargelegt, die *Konzentration.*

INNERE EINHEIT

Es liegt auf der Hand, daß die Gewohnheit, sich vorwiegend mit positiven, lichten Gedanken zu nähren, wie dies bei der Übung der Konzentration der Fall ist, auf die astrale und mentale Organisation des Menschenwesens eine zugleich kräftigende, heilsame und dauernd schützende Wirkung ausübt.

Der konzentrierte Mensch lebt weniger von außen als von innen her, weniger aus den Sinnen als aus dem Geiste, dem lichten Zentrum seines Wesens. Er ist, mit einem Wort, *innerlich eins.* Und diese innere Einheit sichert ihm zugleich den höchstmöglichen Grad an Bewußtheit, positiver Ladung und dynamischer Zielgerichtetheit seines Denkens, Fühlens, Wollens und Tuns.

Nicht nur welt-, sondern auch seelen-politisch besteht *Seumes* Mahnung zurecht: „*Einheit* nur kann das Verderben hemmen, und die Einheit flieh'n wir wie die Pest." Einheit ist nicht nur das Heilmittel für das äußere Leben und Zusammenleben der Menschen und Völker, sondern gleichermaßen und vorrangig für das innere Leben und schließlich für die *religio:* die Wiedereinswerdung mit dem Göttlichen und seiner Kraft und Fülle.

Wer zur inneren Einheit gelangt, tut damit bereits den Schritt von der Konzentration zur nächsthöheren Stufe der *Meditation* und betritt jenen *Weg zur Vollendung,* der den Menschen zu immer höheren Stufen und Gipfelungen der Selbst-Besinnung und Selbstverwirklichung, des Selbstseins und All-Einsseins emporleitet.*)

Von diesem Selbstsein und Alleins-Sein künden alle großen Geister der Menschheit. Alle Weisen und Erleuchteten mahnen den Menschen, auf seiner kurzen Lebensfahrt nicht das Wichtigste zu übersehen und zu versäumen: das Ewige hinter allem Vergänglichen, das göttliche Selbst und sein Einssein mit dem All-Selbst.

Wer noch an Geringerem haftet und nach Nichtigem trachtet, der kann, wie *Plotin* sagt, „dieses Wesentliche – sein Einssein mit dem Einen und das Eine selbst – weder wahrnehmen noch erfahren. Erst wenn seine Seele sich von allem anderen freigemacht hat und in der selbstbesinnenden Sammlung das plötzliche Aufleuchten eines unendlich Höheren schaut, liegt nichts mehr zwischen ihr und dem Höchsten.

Dann sind beide *eins.* Dann merkt die Seele nichts mehr davon, daß sie im Körper weilt, da vergißt sie auch sich selbst und schaut nur noch das EINE, das allein Liebenswerte, mit dem der, der es einmal ergriffen hat und besitzt,

*) Die nach Erreichung der Stufe der *Konzentration* folgenden weiteren Schritte auf dem Weg nach innen, zu den höheren Stufen fortschreitender Selbstverwirklichung und Sinnerfüllung des Lebens, werden im Anschluß an diesen Intensiv-Lehrgang in gleicher Weise nach der praktischen Seite hin dargelegt in dem Lebensbuch von K. O. Schmidt *„Der Weg zur Vollendung durch Meditation und Kontemplation“* (Drei Eichen Verlag).

in Zeit und Ewigkeit vereint bleibt. Wer das geschaut hat, weiß, was ich sage: wie nämlich die Seele nun eines anderen, höheren Lebens teilhaftig wird und erkennt, daß der Geist des Lebens in ihr ist, daß in ihm alle Freiheit und Vollkommenheit ist und daß sie, mit ihm geeint, ganz von seinem Licht erfüllt, ja selbst zu Licht geworden ist."

In dieser inneren Einswerdung vollzieht sich die Neugeburt unseres Wesens und unseres Lebens. Mit ihr wird das vollzogen und verwirklicht, was uns Menschen von heute weithin fehlt: die Fähigkeit, die reale Welt zu idealisieren und unsere Ideale zu realisieren – durch die Innewerdung der Harmonie unseres äußeren Lebens mit dem inneren und des inneren Lebens mit dem göttlichen.

INHALT

Weitere lieferbare Bücher von K. O. Schmidt:

Bhagavad Gila – Das hohe Lied der Tal.
148 Seiten, kartoniert

Brücken der Einheit von Ost und West – Ramakrishna, Vivekananda und Omkar als Lehrer eines neuen Denkens, 144 Seiten, kartoniert

Das Abendländische Totenbuch (Bd. I) – Und der Tod wird nicht mehr sein
264 Seiten, Efalin gebunden

Das Abendländische Totenbuch (Bd. II) – Wir leben nicht nur einmal
432 Seiten, Efalin gebunden

Der kosmische Weg der Menschheit – Im Wassermann-Zeitalter
120 Seiten, kartoniert

Der Rosenkreuzer-Weg zur Selbstverwirklichung – Sei du selbst
172 Seiten, kartoniert

Die Goldene Regel – Das Gesetz der Fülle
87 Seiten, kartoniert

Die Religion der Bergpredigt – Grundlage rechten Lebens
200 Seiten, Efalin gebunden

Dreistufenweg zum Gral
72 Seiten, kartoniert

Du bist begabter als du ahnst – Anleitung zur Entfaltung latenter Talente
216 Seiten, kartoniert

Erfolgsdynamik – Der Schlüssel zum Glück
256 Seiten, kartoniert

INSPIRATION – Geheimnis, Sinn und Erfahrung – Ein Mabel-Collins-Brevier, 96 Seiten, kartoniert

In Dir ist das Licht – Vom Ich-Bewußtsein zum kosmischen Bewußtsein, Leben und Lehren von 49 Mystikern, 392 Seiten, Efalin gebunden

In Harmonie mit dem Schicksal – Wege zu neuem Menschentum
188 Seiten, kartoniert

Kinder des Kosmos – Friedrich von Schillers »Theosophie des Julius«
112 Seiten, kartoniert

Kraft durch Atmen – Einführung in die Praxis des bewußten Vollatmens,
108 Seiten, kartoniert

Lebe bewußt – Die Lehre vom Tao
96 Seiten, kartoniert

Macht der Mütter – Wege zu ihrer Verwirklichung
124 Seiten, kartoniert

Mehr Macht über Leib und Leben – Wegweiser zu geistiger Selbsthilfe
128 Seiten, kartoniert

Meister Eckeharts Weg zum kosmischen Bewußtsein – Ein Brevier praktischer Mystik, 204 Seiten, Efalin gebunden

Selbsterkenntnis durch Yogapraxis – Patanjali und die Yoga-Sutras
160 Seiten, kartoniert

Seneca – Der Lebensmeister
120 Seiten, kartoniert

So heilt der Geist – Wesen und Dynamik des geistigen Heilens
288 Seiten, kartoniert

Tao Teh King – Wegweisung zur Wirklichkeit
224 Seiten, Efalin gebunden

Thomas-Evangelium – Geheime Herren – Worte frühchristlicher Handschriften, 240 Seiten, Efalin gebunden

Universale Religion nach Vivekananda – Werden, Wesen, Wollen und Verwirklichung, 88 Seiten, kartoniert

Vorgeburtliche Erziehung – Kleinkind-Erziehung, Ehegestaltung
196 Seiten, kartoniert

Was ist Theosophie? – Wesen und Mystik der Theosophie, Ein Franz-Hartmann-Brevier, 136 Seiten, kartoniert

Wege zum Glück – Magie im Alltag
96 Seiten, kartoniert

Der Weg zur Vollendung durch Konzentration und Kontemplation
316 Seiten, Efalin gebunden

Wie konzentriere ich mich? – Konzentration leicht gemacht
124 Seiten kartoniert

Weihestunden der Seele – Herzgedanken für jeden Tag des Jahres, von J. F. Finck, Fra Tiberianus, J. C. Lavater und K. O. Schmidt, 384 Seiten, Efalin gebunden

Wunder der Willenskraft – Eine Willensschule für jedermann
232 Seiten, kartoniert